Take off

2054. So viele Städte gibt es in Deutschland. Wolltest du jeden Monat eine andere besuchen, würdest du 171 Jahre brauchen. Ziemlich lang. Deshalb haben wir schon mal vorsortiert: Scholle in Hamburg, Schlendern im Weimar, Schwitzen in Köln. Zwölf Monate, zwölf Städte, zwölf besondere Abenteuer.

Wirf eine Münze

Wann wohin in diesem Jahr? Du kannst dich einfach nicht entscheiden? Kein Wunder, denn Deutschland ist schön zu jeder Jahreszeit. Wieso lässt du nicht einfach das gute alte Schicksal entscheiden? Wirf eine Münze. Wo sie landet, landest auch du.

18

Februar: Köln
Mach es wie die Römer!

80

Juli: Leipzig
Wenn es Nacht wird in der City

Niete
Hmmm ... Balkonien

56

Mai: Hamburg
Ein Hauch von Meer

42

April: Düsseldorf
Nächster Halt: Japan

118

Oktober: Weimar
Rendezvous mit Geistesgrößen

Niete
Versuch's noch einmal!

144

Dezember: Dresden
Zeitreise und Märchenzauber

Joker
Einmal durch Deutschland, bitte!

30

März: Frankfurt a. M.
Skyline mit Höhenflügen

106

September: Stuttgart
Wein- und Wassertropfen

68

Juni: Heidelberg
Audienz bei der Weltberühmten

132

November: Berlin
Hauptsache Hauptstadt!

94

August: München
Biergärten und Alpengipfel

06

Januar: Potsdam
Märchenhaft preußisch

Joker
Fahr hin, wo du willst

Pots

Januar
dam

Schau mir in die Augen, Kleines! Mit den Chamäleons in der Biosphäre gehst du auf Exotenreise

Leuchtende Tropengewitter

Und dann sitzt da dieses Chamäleon. Unverschämt grün, unverschämt leuchtend, mitten im kalten Potsdamer Winter. Woher kommt das Tropenkriechtier? Des Rätsels Lösung: Der Exot mit dem Dreieckschädel und den riesigen Augen, dessen Körper die Farbe seiner Umgebung annehmen kann, ist ein Bewohner der Biosphäre im Volkspark. Und da ist's eben auch im tiefsten Winter grün.

Mal kurz in die feuchte Hitze abbiegen, wenn einem die Brandenburger Kälte allzu sehr unter die Jacke kriecht – das ist im 5000 m² großen tropischen Regenwald Abwechslung und Abenteuer zugleich. Nichts weniger als eine andere Welt wartet hier auf dich, samt Äffchen, Fröschen, Schlangen, dazu Schmetterlinge und Vögel, die dir um den Kopf flattern. Zum Obstsalat wird beim „Frühstück unter Palmen" im Café Tropencamp das Rauschen des Wasserfalls serviert. Und wer lieber abends auf Expedition geht, kann beim Taschenlampen-Abenteuer schlummernde Vögel beobachten. Besonders eindrucksvoll – und viel besser als Januar-Matsch-Wetter: das stündliche Gewitter über dem Urwaldsee.

Bisophäre Potsdam · Georg-Hermann-Allee 99 · biosphaere-potsdam.de

Kälte? Welche Kälte?

Im Wolfsland

1

Und jetzt: ein Ausflug. In die Wildnis, zu den Wölfen. Im Naturpark Fläming sind die Raubtiere nämlich längst wieder eingezogen und mit etwas Glück kann man zumindest auf ihre Fährten stoßen. Ansonsten: Wie wär's mit einer Wanderung samt Rodeln? Im Naturparkzentrum nahe der Burg Rabenstein kannst du Schlitten ausleihen, falls ordentlich Schnee liegt. Sonst wärmst du dich eben einfach in der „Winterlichen Teestube“ auf.

Naturparkzentrum Hoher Fläming · Brennereiweg 45 · Rabenstein/Fläming · flaeming.net

Gleitzeit am Hafen

2

Wasser hat bekanntlich keine Balken. Bei gefrorenem Nass ist das zwar immer noch so, aber mit Schlittschuhen unter den Füßen wird es zum echten Wintervergnügen. Die Eisbahn am Hafen bietet jede Menge Gleitzeit, samt Eisdisco und Premiumblick aufs Stadtschloss. Fürs Eisstockschießen musst du dir allerdings ein paar Freunde suchen – vielleicht im Restaurant El Puerto, der nahen Wärmeoase?

facebook.com/EisbahnPotsdam

Es werde Licht!

3

Wenn der Alte Fritz das wüsste. 2012, anlässlich seines 300. Geburtstags, tauchten die Potsdamer ihre Stadt zum ersten Mal in buntes Licht. So ähnlich, wie es ihre Vorfahren getan hatten, als sie – wenn Friedrich der Große von einem Feldzug zurückkam – Lichter in die Fenster stellten. Seit ein paar Jahren verwandelt sich Potsdam im Januar in eine leuchtende Traumwelt. Viele Museen und andere städtische Einrichtungen begleiten den Tag, der vor allem Kinder staunen lässt. Besonders eindrucksvoll ist der Blick von oben, von der Nikolaikirche etwa. Potsdam leuchtet – die Winternacht beugt sich.

potsdam.de/kategorie/veranstaltungen

Wie ein Astronaut

5

Salz, Wasser, Dunkelheit. Das sind die Zutaten einer ganz besonderen Erfahrung, die dich aus der Winterkälte entführt. Rund 35° C warmes Wasser und dessen erhöhter Salzgehalt bringen dich im Float Point zum Schweben. Eine Stunde Meditation in gefühlter Schwerelosigkeit laden deine Batterien wieder auf. Danach noch eine Massage und du bist bereit für weitere Abenteuer in der brandenburgischen Hauptstadt.

Float Point · Alleestr. 4 · float-point.de

Märchenviertel

4

Es weht immer noch ein Hauch Weihnachtsstimmung durch die Gassen des Holländischen Viertels. Was wohl daran liegt, dass die 134 zwischen 1734 und 1740 erbauten Häuser immer ein bisschen so aussehen, als hätten sie märchenhaftere Zeiten eingekapselt. Dabei sind die bezaubernden Backsteinhäuschen mit ihren lebhaften Cafés und Läden nur aus einer anderen Region: Sie wurden erbaut, um niederländische Siedler anzulocken. Du wirst ihrem Lockruf auch nicht wiederstehen können, dieser Winterromantik mit aus der Zeit gefallenem Büdchenzauber.

potsdam.de/hollaendisches-viertel · potsdamtourismus.de

Im Filmmuseum Potsdam begegnest du auch Quentin Tarantino, der auch schon in Babelsberg gedreht hat

Das ganze Jahr über schön ...

Riecht gut

Ökos riechen längst nicht mehr nach Patchouli, sondern nach Kokos, Meeresbrise oder Traumzauberbaum. Zumindest, wenn sie sich in diesem Hinterhofladen eingedeckt haben. Die Haar-, Hand- und Bartseifen sind vegan, palmölfrei und werden von Hand in Brandenburg gefertigt.

Sauberkunst · Dortustr. 53 · sauberkunst.de

Die Dauerausstellung „Traumfabrik – 100 Jahre Film in Babelsberg" führt dich im Filmmuseum durch die bewegte Geschichte von UFA über DEFA bis Hollywood, mit Devotionalien wie der Totenmaske von Asta Nielsen, einem Toupet von Hans Albers und Eintrittskarten für „Die Legende von Paul und Paula". Im Kino werden Stummfilmklassiker gezeigt – live auf einer historischen Kino-Orgel begleitet.

INSIDER-TIPP Film ab, Orgel an

Filmmuseum Potsdam · Breite Str. 1a · filmmuseum-potsdam.de

Chaotisch

Vom italienischen Rotwein aus anarchistischer Kelterei bis zum Schraubverschluss-Malzbier aus Bayern reicht das Angebot in dieser Einraum-Kaschemme. Links, alternativ und selbstorganisiert: Das ist manchmal etwas chaotisch, aber so sympathisch wie günstig. Es wird (allerdings) auch geraucht, und das ganz ordentlich.

Olga · Charlottenstr. 28 · charlotte28.blogsport.de

Überraschung

Die Kombination aus Auftritten von Symphonieorchestern, A-capella-Gruppen und Berliner DJs ist nicht die einzige Überraschung hier. Wie futuristisch der Konzertsaal daherkommt, sieht man der barocken Fassade nicht an. Besonders ist auch die Konzertbegleitung mit dem Ohrphon-Audioguide, der vor Beginn und in der Pause Wissenswertes zu Künstlern und Musik ins Ohr flüstert.

Nikolaisaal · Wilhelm-Staab-Straße 10–11 · nikolaisaal.de

Ein richtiger Berg?

Der Belvedere auf dem Mühlenberg ist ausnahmsweise mal nicht von Preußens Königen angelegt, sondern eine natürliche Erhöhung. 50 Meter reichen in Potsdam für den Begriff „Berg". Die Bänke, von denen du die beste Sicht auf die Potsdamer Altstadt hast, stehen schon bereit.

Belvedere auf dem Mühlenberg · Mühlenbergweg

Hass oder Liebe

... dazwischen gibt's nichts – was Lakritzgeschmack angeht. Alle, die Letzteres empfinden, kommen um diesen Laden nicht herum: Lakritzlikör, Lakritzhonig, Lakritz-Chips und Lakritz-Zahnpasta. Vor dem Einkauf erstmal probieren.

Potsdamer Lakritzkontor · Jägerstr. 21 · lakritzkontor.de

Zu den Sternen reisen

Das kuschelige Planetarium mit seinen knapp 50 Plätzen ermöglicht Aufbrüche in neue Universen, bequem in Wohnzimmeratmosphäre. Die aktuelle Sternenkonstellation wirft ein Projektor an die Kuppel. Sich unheimlich real anfühlende Flüge durchs All ermöglicht ein modernes 360-Grad-Video-Projektionssystem. Für Kinder gibt es extra Programme, in denen etwa Lars, der kleine Eisbär, von Sternbildern in Bärform erzählt.

Urania Planetarium · Gutenbergstr. 71 · urania-planetarium

Alles bio und mehr

Hier ist alles bio. Und vegetarisch, zum Teil auch vegan. Und regional, wo es geht. Den Saft presst etwa die Mosterei Ketzür in Beetzseeheide aus Brandenburger Obst und Gemüse. Der Kaffeeanbau im Umland läuft hingegen noch schleppend. Dafür stammen solche Produkte aus sozial gerechtem Handel. Und das Beste: Kuchen, Tagesgerichte und Frühstück, auch im Baukastensystem, schmecken – du wählst die Bestandteile einfach selbst aus!

Café Kieselstein · Hegelallee 23 · cafe-kieselstein.de

Die dunkle Seite

Es ist nicht alles preußischer Glanz in Potsdam. Die Bezeichnung „Lindenhotel" für das barocke Stadthaus ist wohl der Versuch, dem Grauen, das hier stattfand, nicht zu ohnmächtig gegenüberstehen zu müssen. Auf die politischen Häftlinge, die nacheinander die Nazis, der sowjetische Geheimdienst und die Stasi hier gefangen hielten, warteten Folter, Schlafentzug und Mangelernährung in unbeheizten Zellen. Im nationalsozialisten Staat tagte im Gebäude zudem das „Erbgesundheitsgericht", das über Zwangssterilisationen entschied. An diese bewegte Geschichte erinnert eine Ausstellung am Beispiel vieler Einzelschicksale. Die Besichtigung des frei zugänglichen Gefängnisbaus ist gleichermaßen beeindruckend wie bedrückend.

Gedenkstätte Lindenstraße · Lindenstr. 54/55 · gedenkstaette-lindenstrasse.de

Für Besserwisser

An Caféhaustischen lassen sich in der Bar Gelb statt Kaffee auch Cocktails und diverse Craft Beer genießen, gezapft und aus der Flasche. Das wissen Potsdams Studenten zu schätzen, die hier oft ins Wochenende starten. Wer Dinge gerne besser weiß, kommt zum Pubquiz, das regelmäßig steigt (Termine s. Website).

Bar Gelb · Charlottenstr. 29 · bargelb.de

Nur kurz gucken

SAP-Gründer Hasso Plattner ist auch Kunstsammler. Was der Wahl-Potsdamer zusammentrug, stellt er im Palais Barberini aus. Die Ausstellungen wechseln und werden um Leihgaben aus aller Welt ergänzt. Ein Schwerpunkt ist der Impressionismus. Wer nur kurz gucken will, nimmt das Evening-Special-Ticket für 10 Euro, gültig für die letzten zwei Stunden.

Museum Barberini · Humboldtstr. 5–6 · museum-barberini.de

Im Wohnzimmer

Nicht irritieren lassen: Hier gibt es Kaffee, Kuchen und hausgemachten Apfelstrudel. Doch im klassischen Wiener Kaffeehausstil schmecken auch Wiener Schnitzel, Brandenburger Landente und ofenfrischer Hackbraten. Ein Laden, der sich „Wohnzimmer der Stadt" nennt, hat natürlich Tradition, und zwar seit 1878. Diese schätzten auch die Oppositionellen in der DDR, die sich hier gerne trafen.

Café Heider · Friedrich-Ebert-Str. 29 · cafeheider.de

Sorgenfrei

Wenn man schon mal da ist … führt in Potsdam kaum ein Weg an Sanssouci vorbei. Aber es muss ja nicht der Trubel am Schloss sein. Relaxed geht es im Südteil des Parks beim Chinesischen Teehaus und den Römischen Bädern zu. Und die Friedenskirche mit dem Grab von Friedrich Wilhelm IV. hat ihren Namen verdient.

Park Sanssouci · spsg.de

Mit Schwung

Daniela Schwung mag es bunt, ausgefallen, einzigartig – und ein klein bisschen chaotisch. Die größere Herausforderung in ihrem Laden ist daher, nicht die Übersicht zu verlieren bei all den tollen Schmuckstücken. Achtung: Auch mit den Öffnungszeiten nimmt es Schwung nicht immer ganz genau.

KettenChaosDesign · Benkertstr. 16 · kettenchaosdesign.de

Ein Muss für Monet-Fans: Im Museum Barberini hängen 34 Werke des Impressionisten

Zu Besuch bei Königs: Emblem am Eingangszaun zu Schloss Sanssouci

6
preußische Fuß

das sind 1,88 m, mussten die Soldaten im Leibregiment Friedrich Wilhelms I., die Langen Kerls, mindestens groß sein.

40
Personen

wurden zwischen 1962 und 1986 auf der Glienicker Brücke zwischen Ost und West als „Agenten" ausgetauscht.

267
Statuen

schmücken den Hauptbau des Neuen Palais. Dazu kommen noch 196 Puttengruppen.

1912

In diesem Jahr wurden die Babelsberger Filmstudios gegründet. Sie sind damit die ältesten der Welt.

2
Kilometer

lang ist die Hauptallee im Park von Sanssouci.

1
Brandenburger Tor

gibt es auch in Potsdam.

Kö

Februar

In

Wenn die Füße und Beine des Kölner Pflasters müde sind: Die Claudius-Therme bringt sie wieder auf Trab

Schwitzen mit Dom-Blick

Klar, im Februar kommt man nur wegen einer Sache nach Köln: wegen des Karnevals. Aber die Stadt hat natürlich noch viel mehr zu bieten. Falls das mit dem Tanzen und Schunkeln gegen die Kälte also nichts ist, dann mach es einfach wie die Römer.

Bei denen zu Hause ist es ja eher ein bisschen wärmer als hier. Und um sich dieses wohlige Gefühl auch im harten germanischen Winter zu bewahren, haben sie eine Alternative erfunden. Ok, so war's nicht ganz, Thermen gibt's auch in Italien – ist aber doch eine schöne Vorstellung, oder? Und selbst später, im ach so dunklen (und in unserer Game-of-Thrones-geprägten Vorstellung auch dreckig-morbiden) Mittelalter, plantschten die Kölner in ihren zahlreichen Badehäusern, was das Zeug hielt. Bei so viel Wannenspaß in der Geschichte der Stadt sollte man sich ebenfalls einen Badebesuch gönnen. Schnucklige 33° C warm ist das Mineralwasser im Hauptbecken der Claudius-Therme, bis 37° C geht die Temperatur in der Kalt-Warm-Grotte hoch. In der Panorama-Sauna schwitzt es sich mit Blick auf den Dom am schönsten. Ach, ihr Römer, habt ganz viel Dank für diese wahrhaft kulturelle Errungenschaft.

Claudius Therme · Sachsenbergstrasse 1 · claudius-therme.de

Auch sonst ganz heiß ...

Farborgien

1

Na, wenn das kein Anreiz ist, dem kalten Wetter den Rücken zuzudrehen – und nicht nur für Kunst-Fans: Das Museum Ludwig lockt mit der drittgrößten Picasso-Sammlung der Welt. Dazu gibt's die umfangreichste Pop-Art-Kollektion Europas, deutschen Expressionismus, russische Avantgarde und, und, und ... Stoff genug jedenfalls, um dunkle Februartage gegen die leuchtenden Farben der Kunst einzutauschen. Und dann sind da ja auch noch die oftmals spektakulären Wechselausstellungen.

Museum Ludwig · Heinrich-Böll-Platz 1 · museum-ludwig.de

Blumenoasen

2

Ab 2023 kannst du in Köln mit der U-Bahn in die Tropen fahren. Bis dahin musst du mit den Subtropen vorlieb nehmen – was ja auch eine schöne Alternative zum deutschen Winter ist. Bis April setzen die Kamelien im Subtropenhaus der Flora, dem Botanischen Garten der Stadt, bunte Lichtpunkte in trübe Tage. Spektakulär wird's in den neuen Schaugartenhäusern: Dann führt die Reise nicht nur in die Tropen, sondern auch in die Wüstenhitze.

Flora/Botanischer Garten · Alter Stammheimer Weg · stadt-koeln.de/leben-in-koeln/freizeit-natur-sport/parks

Alleskönner

3

Keiner muss hier jemals wieder raus in die feuchte Februarkälte. Das Schmitz in der Aachener Straße ist eine 24-Stunden-Location: erst ein Espresso im Salon, dann frühstücken und zurücklehnen in der Metzgerei (auch für Vegetarier!), später zu Mittag schlemmen in der Bar, zurück in die Metzgerei (der Schoko-Kuchen!), und wieder in die Bar (das Eis! die Cocktails!) und ganz zum Schluss im Coco Party machen bis zum Morgen. Klar, ein bisschen Bewegung muss ja auch sein!

Schmitz · Aachener Str. 28–34 · salonschmitz.com

Feierbiester

4

Da ist diese eine besagte Woche im Februar. In der befindet sich Köln normalerweise im Ausnahmezustand. Auf geht's, wir feiern Karneval! Wild, lustig und als ob's kein Morgen gäbe. Vieles hat geschlossen, in den Kneipen herrscht (meistens) Getümmel – und manchmal muss man buchstäblich Stunden warten, bis man eingelassen wird. Ein großer Spaß ist es trotzdem, bleibt der Rheinländer doch (meist) bei guter Laune. Na dann: Kölle Alaaf!

koeln.de/tourismus/karneval

Weltreise

5

Einfach mal weg, am besten um die ganze Welt. Erster Stopp: Indonesien. Der Reisspeicher aus dem asiatischen Inselstaat, der im Foyer des Rautenstrauch-Joest-Museums steht, weist den Weg durch die Kulturen der Welt. Themen wie „Grenzüberschreitungen", „Wohnen" oder „Jenseits und Tod" zeigen, wie die menschliche Gesellschaft miteinander verbunden ist. Das Museum mit einer der größten ethnografischen Sammlungen Deutschlands entführt dich nach Ozeanien, Afrika, Asien und Amerika. Und danach? Lust auf Shopping im Warmen? Die Neumarkt-Galerie und die Neumarkt-Passage liegen nur wenige Schritte entfernt.

Neumarkt · museenkoeln.de/rautenstrauch-joest-museum · neumarktgalerie.com · neumarktpassage.de

Alles strebt empor: Das Innere des Kölner Doms wirkt besonders an hellen Tagen federleicht

Das ganze Jahr über schön …

„Wir lieben Vinyl“

So lautet das Motto des Underdog Recordstore. Er ist einer der besten Plattenläden des Landes und bis unter die Decke vollgepackt mit hochwertigem Vinyl. Spezialgebiete: Indie, Punk, Hardcore, Rockabilly, New Wave etc. Und recht preisgünstig sind die Schätzchen noch dazu. Auf der Website: die beste Konzertübersicht der Stadt.

Underdog Recorstore · Ritterstr. 52 · underdogrecordstore.de

Kwartier Latäng

Nachdem ihre Grenzen 1881 nicht mehr von einer Mauer festgelegt waren, konnte sich die Stadt rasch ausdehnen. Jenseits der Ringe entstand die Neustadt, die sich zwischen der Venloer Straße und der Aachener Straße in den 1980er-Jahren zu einem angesagten Viertel mit eigentümergeführten Geschäften, coolen Bars und innovativen Restaurants entwickelt hat. Im Prinzip ändert sich das auch weiter südlich bis zur Luxemburger Straße nicht, dem „Kwartier Latäng“.

Belgisches Viertel

Für die Ewigkeit

Zwei Türme von 157 m Höhe, ein mächtiger Körper und die enorme Detailfreudigkeit machen den Kölner Dom zu einem Bauwerk, das jeder einmal gesehen haben muss. Egal ob katholisch oder nicht: Die ganze Stadt identifiziert sich mit ihrem Dom. Seine Existenz verdankt er den Legenden um St. Gereon und St. Ursula, die im frühen Mittelalter den Ruf des „hillige Kölle“ (heiliges Köln) als Pilgermetropole begründeten. 1164 sollen aus Mailand die Gebeine der Heiligen Drei Könige nach Köln gelangt sein, für die man einen grandiosen Schrein anfertigte. Dafür bedurfte es dann natürlich auch einer angemessenen Kathedrale. Ein modernes Glasfenster stammt aus dem Atelier von Gerhard Richter, der lange in Köln gelebt hat. Die Glasbausteine schillern in der Mittagssonne am schönsten. Wer auf den Turm will, muss eine halbe Stunde klettern. Die Chorkonzerte am Dreikönigenschrein und die sommerlichen Orgelfeierstunden der Kölner Dommusik sind auch für Katholizismus-Skeptiker ein erhabenes Erlebnis.

Kölner Dom · koelner-dom.de

Brauhaus der Zukunft

Hausgemachte Biere, gesunde Abwandlungen der Regionalküche und eine freundliche Crew statt mürrischer Köbesse (wie die Kellner in Kölns Brauhäusern heißen). So macht das Ausgehen Spaß.

Johann Schäfer · Elsaßstr. 6 · johann-schaefer.de

Das etwas andere Handicap

Beim Glow-Minigolf in Ehrenfeld erwartet dich ein besonderer Minigolf-Parcours: Unter Schwarzlicht mit einer 3D-Brille bespielst du Bahnen, wie du sie noch nie gesehen hast.

Glowing Rooms · Venloer Str. 383a · glowingrooms.com · Tickets nur online

Waldeskitsch

Fototapeten mit Waldlichtung, Bambi-Kitschfigur auf dem Barregal: einer der originellsten Musikclubs in Köln, mit Live-Fußball im TV, Kurzfilmen, Konzerten, Lesungen.

Zum scheuen Reh · Hans-Böckler-Platz 2 · zum-scheuen-reh.de

Tapas neu gedacht

Tapas sind angesagt. Hier gibt es neben Klassikern der spanischen und portugiesischen Küche auch saisonal wechselnde Kreationen. Dazu vorzügliche Variationen von Sangria mit einem Schuss Kräuterlikör aus Mallorca.

Tapeo & Co · Lindenstr. 38 · tapeoundco.de

Absolut im Trend

Seit Jahren ist Heinz Gaul Kölns bester Club. In der ehemaligen Fabrikhalle legen auch Stars wie DJ Hell auf. Selbst Hauptstädter zeigen sich erstaunt, wie sehr der Laden im Trend liegt.

Heinz Gaul · Vogelsangerstr. 197 · Tel. 0221 9920590 · facebook: heinzgaul197

Feine Klänge zum Lunch

Der Gratis-Probe eines der beiden Hausorchester der Kölner Philharmonie lauschen: Klassische Musik untermalt deine Mittagspause beim PhilharmonieLunch. Abwechselnd proben das Gürzenich-Orchester und das WDR-Sinfonieorchester, wobei der Dirigentenstab kreist. Die Termine findest du auf der Website. Die Plätze sind begrenzt, daher empfiehlt es sich, schon um 12 Uhr da sein.

PhilharmonieLunch · koelner-philharmonie.de · Tel. 0221 22122467

Probe aufs Exempel

Der Köbes ist eine Institution in der rheinischen Gastronomie und gehört zur Folklore des kölschen Brauhauses. Wie schlagfertig und ruppig die Kellner Kölns wirklich sein können? Schau mal im Brauhaus Päffgen vorbei. Stammgäste erörtern hier das Weltgeschehen. Schöner Biergarten. Für den großen Hunger: die Grillhaxe!

Brauhaus Päffgen · Friesenstr. 64–66 · paeffgen-koelsch.de

Das richtige Outfit ...

... für den Karneval und andere Anlässe hat Schmitt: Auf drei Etagen kannst du dich das ganze Jahr über mit Kostümen, Konfetti, Glitter, Theaterschminke, Modeschmuck und Girlanden eindecken.

Festartikel Schmitt · Johannisstr. 67

Auszeit von der Großstadt

Eine Pause von der Großstadt gefällig? Da bietet sich ein Besuch dieser herrlichen romanischen Kirche an. Genieß für einen Moment die Stille im zauberhaften Rosengarten am Kreuzgang der Kirche. Der 1065 geweihte Bau gilt wegen seines Grundrisses (Drei-Konchen-Chor) und seiner Mischung aus Zentralbau und Langhausbasilika als einzigartig. Als bauliches Vorbild diente die Geburtskirche in Bethlehem.

St. Maria im Kapitol · Kasinostr. 6 · romanische-kirchen-koeln.de

Bunt und cool

Ehrenfeld ist die bunte Heimat von Künstlern und Gestaltern und zugleich die bevorzugte Adresse des Partyvolks. Zentrum der Avantgarde ist Sabine Voggenreiters DQE-Halle (Heliosstr. 35–37). Coole Klamotten, Kunst und Kitsch bekommst du in der Körnerstraße bei Libelle (Nr. 30) oder Kitsch deluxe (Nr. 26), Biokuchen und gesunde Küche im Café Sehnsucht (Nr. 67). Einen guten Start in den Abend erlauben die Bar Zwei (Venloer Str. 437) oder die Braustelle (Christianstr. 2,), die sich den Frevel leistet, ein eigenes Altbier nach Düsseldorfer Art auszuschenken. Das Wahrzeichen von Ehrenfeld ist Deutschlands größte Moschee (Venloer Str./Innere Kanalstr.).

Köln-Ehrenfeld

INSIDER-TIPP **Lass die Puppen tanzen**

Auch wenn du vielleicht nicht alles verstehst (auf Deutschlands einziger Stockpuppenbühne wird auf Kölsch gespielt): Die Puppenspiele der Stadt Köln – so der offizielle Name des Hänneschen-Theaters – bieten in ihren Stücken herrlich satirische Seitenhiebe aufs Zeitgeschehen. Nachmittags gibt's kindertaugliche Familienstücke.

Puppenspiele der Stadt Köln · Eisenmarkt 2–4 · haenneschen.de

Im Brauhaus Päffgen hat der Begriff „eine runde Bier“ eine ganz buchstäbliche Bedeutung

Rote Nasen, große Herzen und ganz viel Feierlaune: Jecken in Köln

3,21 Meter

beträgt der durchschnittliche Rheinpegel bei Köln. Ab 4,50 m werden erste Hochwasserschutzmaßnahmen eingeleitet.

632 Jahre

vergingen von der Grundsteinlegung im Jahr 1248 bis zur Weihe des Kölner Doms 1880.

1971

wurde zum ersten Mal die in Köln produzierte „Sendung mit der Maus“ ausgestrahlt.

300 Tonnen

Süßigkeiten wurden beim Rosenmontagsumzug 2020 unters Volk geworfen.

13 Kölsch-Brauereien

sind in Köln noch ansässig. Dazu kommen noch drei weitere im Umland.

9 Geißböcke

hatten bisher die Ehre, als „Hennes“ Maskottchen des 1. FC Köln zu sein.

Fran

am

März

kfurt

Main

Achtung, Funfact: Frankfurt a. M. ist die fünftgrößte Stadt, der Main Tower aber das vierthöchste Gebäude Deutschlands

Der grüne Flaum von Mainhattan

Man könnte jetzt Mörike zitieren. Ja genau, der mit dem Frühling, der sein blaues Band flattern lässt. Kennt man womöglich noch aus Schulzeiten. Aber Frankfurt ist Goethe-Territorium, also eher: „Vom Eise befreit sind Strom und Bäche durch des Frühlings holden, belebenden Blick.“ Mal schauen, ob sich der Winter schon zurückgezogen hat. Vom Main Tower aus, zum Beispiel.

Denn auch die Beton-, Stahl und Glaswelt von Mainhattan ist für den Frühjahrshauch empfänglich. Der Blick von der Aussichtsplattform in 200 Meter Höhe lässt dich nach Luft schnappen – und wenn du ganz genau hinschaust, kannst du vielleicht den leichten grünen Flaum sehen, der bereits die Bäume in den Parks der Stadt überzieht. Wer bei so viel Aufbruchstimmung Hunger bekommt, schlemmt im 53. Stock Wolfsbarsch mit Sepia-Risotto. Und wird die Kalorien im höchsten Fitnessclub Europas wieder los. Immer mit Blick auf die Glitzer-Skyline, wohlgemerkt. Der gute Goethe traute dem März übrigens nicht. Im gleichnamigen Gedicht heißt's: „Der Sonnenblick betrüget mit mildem

Main Tower · Neue Mainzer Straße 52–58 · maintower.de

Wenn im Märzen ...

Alles im Fluss

1

Schiff ahoi in der blauen Stunde: An der Grenze zwischen Tag und Nacht, wenn Frankfurts Skyline zu funkeln beginnt, ist eine Mini-Kreuzfahrt auf dem Main besonders schön. „Skylight“ heißt die Tour, die durch die ersten Frühlingsabende führt. Schöne Alternative: der Sonntagsbrunch an Bord, wenn die Stadt in der Sonne an den Panoramafenstern vorbeigleitet.

Primus Linie · primus-linie.de

Rolltreppensurfen

2

So früh im Jahr braucht man bei einem Städtetrip immer auch ein Schlechtwetter-Backup. Zum Beispiel: Shopping unter Dach und Glas. MyZeil heißt das riesige Einkaufszentrum mit der futuristischen Trichterfassade, die für natürliches Licht auf allen acht Ebenen sorgt. Etwa 100 Shops warten drauf, durchstöbert zu werden, dazu gibt's jede Menge Bars und Restaurants und ein schickes Kino. Und natürlich die mit 42 m längste innenliegende, freitragende Rolltreppe Europas.

MyZeil · Zeil 106 ·myzeil.de

Dino-Rendezvous

3

Die Dinos! Wie aus der Pistole geschossen kommt die Antwort, fragt man – nicht nur Kinder – warum das Senckenberg Museum so spannend ist. Zumal man einem mehr als 20 m langen Diplodocus im Urzeit-Dschungel begegnet. Zwar nur per VR-Brille, aber eindrucksvoll ist das trotzdem. Und längst nicht alles, was eines der bedeutendsten Naturkundemuseen Europas bietet, wenn's draußen Bindfäden regnet. Wer die Filme „Nachts im Museum“ kennt, wird die Taschenlampenführung lieben.

Senckenberg Museum · Senckenberganlage 25 · museumfrankfurt.senckenberg.de

Hessenkleinod

4

Ebbelwoi, Ebbelwei, Äppelwoi oder liebevoll Stöffsche: Ohne Apfelwein kann der Hesse nicht sein. In Frankfurt finden sich deshalb jede Menge traditionsreiche Ebbelwei-Kneipen – und der Ebbelwei-Express. Der kurvt als bunt bemalte Oldtimer-Straßenbahn an den Frankfurter Sehenswürdigkeiten vorbei. Auf dem Ohr bei der bequemen Stadtbummelalternative an Tagen, wenn die Märzsonne einheizt: der Audio-Guide, am besten auf hessisch.

Ebbelwei-Express · ebbelwei-express.de

Top of Rolltreppe: Nach 42 Metern freitragende Fahrt warten in der Mall MyZeil jede Menge Entdeckungen

Frankfurt a. M. ist ein bisschen wie New York – nur mit mehr Ebbelwoi

Das ganze Jahr über schön ...

Museumsperlen

So viele und so unterschiedliche Sammlungshäuser, aufgereiht am Fluss und oft noch eingebettet in schöne Parks: Der Schaumainkai ist eine einzigartige Museumsmeile. Und eines ist bestimmt auch für dich dabei: Kunst im Museum Giersch, im Liebig-Haus, im Städel und im Museum Angewandte Kunst, dann das Deutsche Architekturmuseum, das Deutsche Filmmuseum, das Museum für Kommunikation und schließlich das Weltkulturenmuseum.

Schaumainkai · Sachsenhausen

Japanische Gemütlichkeit

Blümchentapeten, antike Tischchen, Polstersessel. Japan trifft hier Frankreich: Fast wie eine Puppenstube wirkt Azko Iimoris schmales Café mit Blumensofas und Minitischchen. An der Theke wird bestellt: Grüner-Tee-Kuchen, Milchbrötchen, Reistee.

Iimori · Braubachstr. 24

Gut zugedeckt

Flauschig oder fest, Yak oder Kaschmir, bunt kariert oder puristisch in Creme? Bei Natalie Gray ist eine Decke schöner als die andere. In ihrem superkleinen, superfeinen Laden hat sie Überwürfe, Knie- und Ganzkörperdecken, aus allen Winkeln der Welt zusammengetragen. Keine Schnäppchen, dafür kleinste Auflagen aus hochwertigen Naturmaterialien.

Blanket Store · Hasengasse 2 · blanketstore.de

Beim Dichterfürsten

Am 28. August 1749 erblickte Johann Wolfgang von Goethe im Großen Hirschgraben 23 das Licht der Welt. Sein Elternhaus brannte im Zweiten Weltkrieg völlig aus; das heutige Gebäude ist eine Rekonstruktion. Die Einrichtung spiegelt die typische Wohnkultur im Spätbarock, Schreibtisch und Arbeitspult im „Dichterzimmer“ sind Originale. Das Goethemuseum nebenan birgt Handschriften und Gemälde aus der Goethezeit.

Goethehaus und -museum · goethehaus-frankfurt.de

Formvollendet

Wenige Adressen pflegen die Barkultur so formvollendet wie die Rote Bar: Selbstverständlich wird geklingelt, stimmen sollte auch die Garderobe. Aber auch im richtigen Dress ist nicht garantiert, dass man einen Platz bekommt – auf kleiner Fläche quetschen sich viele Trinkwillige. Und das aus gutem Grund: Die Cocktails und Longdrinks zählen zu den besten und dabei nicht einmal teuersten in Frankfurt.

Rote Bar · Mainkai 7 · rotebar.com

INSIDER-TIPP
Ab in die Ecke

Schicke Bars sind ganz nett, aber manchmal muss es etwas handfester sein. Ein Besuch in Frankfurts Eckkneipen und Kaschemmen ist die beste Wahl, wenn man einfach nur gepflegt versacken möchte. Ein Klassiker: Doctor Flotte (auf Facebook) in Bockenheim. Rock der alten Schule gibt's in der Zappbar (zappbar.de), die Normalkneipe (normalkneipe.de) serviert günstiges Bier vom Faß, und im geräumigen Ha.!-Ka.? (ha-ka.de) kann man Fußball schauen, Dart spielen und Snacks aus der Kneipenküche ordern. Zwischen Bar und Kneipe: das Nord² (dasnordhochzwei.de).

Doctor Flotte · Zappbar · Normalkneipe · Ha!-Ka? · Nord²

Kaum zu bändigen

Keine Raubkatzen, dafür anspruchsvolles Varieté mit internationalen Künstlern und Zirkusstars bietet der Tigerpalast. Und das mit viel Atmosphäre, denn die Bühne ist klein und der Saal nicht besonders groß …

Tigerpalast · Heiligkreuzgasse 16–20 · tigerpalast.de

Wiege der Demokratie

Kein Gotteshaus, sondern ein politisches Denkmal: die Stätte der ersten Deutschen Nationalversammlung. Fast 800 Parlamentarier kamen 1848 hier zusammen, um Deutschland eine liberale Verfassung zu geben. Ein Monumentalfries des Berliner Malers Johannes Grützke erinnert seit 1991 mit historischen, zeitgenössischen, allegorischen und anekdotischen Szenen an den Einzug der Volksvertreter in die 1833 geweihte Saalkirche.

Paulskirche · Paulsplatz 11

Kaffee, vietnamesisch

Dampfende Pho Bo, würzige Sommerrollen, milde Currys und fernöstlicher Pfannkuchen: Appetit bekommen? Dann auf zum Vipho, einem der vermutlich am hübschesten dekorierten Vietnamesen der Stadt. Er hat jeden Tag geöffnet und bietet zum Schluss noch einen typisch vietnamesischen Kaffee mit viel Kondensmilch!

Vipho · Oeder Weg 21 · vipho.de

Wie gemalt

Apfelwein oder „Stöffche", wie die Frankfurter sagen, ist das flüssige Aushängeschild der Stadt. In traditionellen Wirtschaften wie dem „Gemalten Haus" gibt's dazu deftigen Handkäs' und Rippchen mit Kraut. Das Lokal gilt als eine der schönsten Apfelweinstuben in ganz Frankfurt – vor allem dank der prächtigen Fassade mit buntem Fensterglas.

Zum Gemalten Haus · Schweizer Str. 67 · zumgemaltenhaus.de

Alles vorhanden

Ob Handkäs' oder Halwa, persische Pistazien oder Oberräder Kartoffeln – hier sind alle Kulinaria versammelt, die Köche und Genießer schätzen. Im ersten Stock gibt's Edles vom Italiener und Franzosen, auf dem großen Balkon trifft man sich auf ein Glas und einen Happen. Im Erdgeschoss werden neben Worscht, Weck und anderen Viktualien auch Blumen verkauft, während der Keller das Reich der lebenden Fische ist.

Kleinmarkthalle · Hasengasse 5–7 · kleinmarkthalle.de

Das Leben ist kein …

… Ponyhof. Manchmal aber doch. Zumindest dann, wenn man genervt durch Alt-Sachsenhausen stiefelt und etwas Besseres sucht als Ballermann- und Junggesellenabschiedskneipen. Dann empfängt der kleine Club mit schwitziger Luft und freundlicher Musik, Partys, DJ-Sets und manchmal auch Konzerten. Die Getränke sind hier Frankfurt-untypisch günstig.

Ponyhof · Klappergasse 16 · ponyhof-club.de

Komisch

Wo „lustig" draufsteht, muss es ja noch lange nicht wirklich lustig zugehen. Nicht umsonst nennt sich dieses Kleinod humoristischer Kunst deshalb auch „komisch" – und ist damit oft wirklich hinreißend lustig. Etwa 8000 Originalzeichnungen der Begründer der Neuen Frankfurter Schule, zu denen u. a. Hans Traxler, Chlodwig Poth, F. W. Bernstein, Robert Gernhardt zählen, bilden den Grundstock für das Museum.

Caricatura – Museum für Komische Kunst · Weckmarkt 17 · caricatura-museum.de

Ebbelwoi

… ist nicht gleich Ebbelwoi: Im Apfelweinkontor verkaufen Konstantin Kalveram und Michael Rühl eigene Spezialitäten und die befreundeter Keltereien. Vom sortenreinen Apfeldessertwein bis zum Jahrgangsapfelschaumwein – echte Raritäten eben.

Apfelweinkontor · Wallstr. 13 · apfelweinkontor.com

Na, das ist mal ein Bild: Der „Zug der Volksvertreter“ in der Paulskirche ist stolze 32 m lang

Was du gerade nicht siehst: Dem Bullen vor der Frankfurter Börse steht ein Bär gegenüber

259 Meter

hoch ist der Commerzbank Tower und damit das höchste Gebäude im Bankenviertel.

7 Kräuter

müssen es sein für die Grie' Soß', keines mehr oder weniger.

70,5 Mio. Passagiere

zählte der Frankfurter Flughafen 2019. Er belegt damit Platz Nr. 15 in der Welt.

90 Prozent

des Wertpapierhandels in Deutschland werden über die Frankfurter Börse getätigt.

12½ Monate

lang, vom 18. Mai 1848 bis zum 30. Mai 1849, tagte die Frankfurter Nationalversammlung in der Paulskirche.

1638

verkündete der Frankfurter Rat das noch heute gültige Reinheitsgebot für Ebbelwoi.

Düsse

April
ldorf

Ein zartrosa Hauch von Japan in Düsseldorf: Kirschblüten begrüßen den Frühling

Hanami-Zauber in Japantown

Wenn Hanami ist, dann herrscht in ganz Japan Ausnahmezustand. Und alles wegen einer kleinen Blüte: Das zarte Rosa der Japanischen Blütenkirsche (Prunus serrulata) markiert im Land der aufgehenden Sonne eine fünfte Jahreszeit. Lust auf einen 9000-km-Kurztrip? Dann besuch im April das Ekō-Haus in Niederkassel: Die blühenden Kirschbäume neben dem prächtigen Tempel im Jodo-Shinshu-Stil beamen dich sofort in den Fernen Osten.

Nur in Düsseldorf gibt es in Deutschland eine Japantown: Die größte japanische Kolonie Europas drückt der Stadt seit mehr als 50 Jahren ihren Stempel auf. Der Japantag – das große Fest der Gäste aus dem Land der aufgehenden Sonne – findet zwar erst im Mai statt, aber rund um Immermann- und Charlottenstraße fühlst du dich dank Karaokebars, Buchläden, exotischen Supermärkten und japanischen Bäckereien (probier zur Kaffeepause mal Yakisobapan – mit gebratenen Nudeln gefüllte Brötchen) auch jetzt schon wie in Tokio. Bleibt noch Hanami: Kirschblüten kannst du auch im Japanischen Garten im Nordpark bewundern, hübsch sind außerdem die 13 Kirschbäume im Kö-Bogen. Konnichiwa, Hanami!

Ekō-Haus der Japanischen Kultur · Brüggener Weg 6 · feko-haus.de

Das Rheine Vergnügen

Kinderfreude

1

Sind die süüüüüß! Im April haben die Wildschweine und die Mufflons im Wildpark Düsseldorf normalerweise Nachwuchs – für Kinder der Knaller (auch wenn manchmal etwas Geduld beim Beobachten nötig ist). Der Grafenberger Wald ist auch abseits des Parks ein Spaziergangs- (und Jogging-) Eldorado mit toller Aussicht auf die aus dem Winterschlaf erwachende Stadt.

Wildpark Düsseldorf · Rennbahnstr. 60 · wildpark-duesseldorf.de

Kirmesglück

2

Ostern duftet in Düsseldorf besonders, nach Zuckerwatte und Bratwurst und Makronen. Dazu gibt's rasende Ritte im Kettenkarussell oder im Break Dancer und Höhenflüge im Riesenrad: Mit der Osterkirmes am Staufenplatz in Grafenberg beginnt der Reigen von Volksfesten in der Stadt, der mit der Rheinkirmes im Juli – mit immerhin rund 4 Mio. Besuchern – seinen Höhepunkt feiert. Vorher aber wird, direkt im Anschluss zur Ostersause, die Frühlingskirmes am Tonhallenufer gefeiert. Wenn du also auf Autoscooter, Riesenschaukel und Biergarten am Rhein stehst – nichts wie los!

Osterkirmes am Staufenplatz

Nur für Fitte

3

Auch eine Art von Sightseeing – aber eine, für die man wirklich fit sein muss. Exakt 42,195 km geht es alljährlich im April durch die Stadt, je nach Ambi- und Kondition im lockeren Trab oder im strammen Lauf. Nach dem Start an den Rheinterrassen läufst du rund um den Nordpark, durch fast alle Stadtteile, über die Oberkasselerbrücke hin und zurück, auch mal mit Blick auf die futuristischen Gehry-Bauten, bis irgendwann, irgendwann – puh! – das Ziel am Rhein auftaucht. Nicht vergessen, vorher den Winterspeck wegzutrainieren!

metro-marathon.de

Hallo, Bali!

4

Sonne und Hitze, Schnee oder Regen – so isser eben, der April, unberechenbar und wetterwendisch. Falls er sich mal von der unfreundlichen Seite zeigen sollte, ist Asien die Rettung: Herrlich gelegen am Elbsee, sorgt das Vabali Spa nicht nur mit seiner balinesischen Architektur für einen Lichtblick unter grauen Wolken. Zehn Saunen, zwei Dampfbäder, zwei Pools und viele Ruheoasen bieten der Frühjahrsdepression gesund Paroli.

Vabali Spa Düsseldorf · Schalbruch 210 · vabali.de/duesseldorf

Thekenschlendern

5

Düsseldorfs erfolgreichster Punk-Export wusste es bereits 1986: „Ja sind wir im Wald hier, wo bleibt unser Altbier. Wir haben in Düsseldorf die längste Theke der Welt" heißt es so schunkelig wie schräg im „Altbierlied" der Toten Hosen. An den ersten schönen Frühlingsabenden machen die 250 (oder mehr?) Kneipen der Altstadt dem Theken-Prädikat unter freiem Himmel alle Ehre. Auch wenn am Wochenende unzählige Junggesellenabschiede das Schlendern von Kneipe zu Club zu Brauhaus zu Bar zu Restaurant und wieder zurück manchmal etwas anstrengend machen: Wer die „längste Theke der Welt" nicht erlebt hat, war nicht in Düsseldorf. Kannst ja das Wochenende auslassen, hast ja Urlaub!

duesseldorf-altstadt.de

Ein bisschen nostalgisch, ziemlich akrobatisch und ganz schön atemberaubend: Roncalli's Apollo Varieté

Das ganze Jahr über schön ...

Schlürfen erlaubt

Japaner stehen auf Nudelsuppen – und Düsseldorf. Dank Deutschlands größter japanischer Community ist Ramen rheinländische Hausmannskost. Die Suppe ist unbedingt schlürfend zu verzehren, damit sich alle Aromen entfalten. Die Düsseldorfer Ramen-Institution Naniwa serviert über 20 Sorten sowie weitere japanische Klassiker mit gebratenen Nudeln (Yakisoba) oder Reis (Chahan).

Naniwa Noodles & Soups · Oststr. 55 · naniwa.de

Manege frei

Artisten aus aller Welt präsentieren eine atemberaubende Mischung aus Akrobatik, Comedy, Jonglage und Musik. Die hauseigene Küche genießt man während der Vorstellung oder im Panoramarestaurant mit Rheinblick auch unabhängig von den Shows.

Roncalli's Apollo Varieté · Apollo-Platz · apollo-variete.com

Watscheln mit Pinguinen

Schau- und Panorama-Aquarien mit Pinguinen, Süß-, Salzwasser- und Tiefseefischen, Terrarien mit Insekten, Schlangen und Krokodilen sowie Wechselausstellungen zu speziellen Themen bieten jede Menge zu gucken. Kein Wunder, dass der Aquazoo ein absoluter Besuchermagnet ist.

Aqua Zoo Löbbecke Museum · Kaiserswerther Str. 380 · eko-haus.de · duesseldorf.de/aquazoo

Abtauchen

Wer mal abtauchen will, kann das in ganz besonderer Atmosphäre: Im historischen Jugendstilbad Münster-Therme zieht man seine Bahnen unter einem an eine Basilika erinnernden Gewölbe. Draußen gibt's ein 32 °C warmes Thermalsolebecken, angeschlossen ist außerdem eine Salzgrotte.

Münster-Therme · Münsterstr. 13 · baeder-duesseldorf.de

Mit und ohne „h"

Im idyllischen Neandertal (seit der Rechtschreibreform 1901 ohne „h", das Museum hat die alte Schreibweise behalten) wurden 1856 in einer Grotte die Knochenreste des seither berühmtesten Urmenschen gefunden. Das Museum erzählt nicht nur von ihm, sondern die Menschheitsgeschichte von ihren Anfängen bis heute. Ein Weg führt durch das Tal zum legendären Fundort. Und wer ein Steinzeitmesser bauen will, kann einen Workshop buchen.

Neanderthal-Museum · Talstr. 300, Mettmann · neanderthal.de

Durst!

Durst nach zu viel scharfem Düsseldorfer Senf (s.u.) bekommen? Dann muss (mindestens ein) Altbier her! Favorit der Düsseldorfer und Inbegriff des traditionellen Wirtshauses ist Schumacher. Hier wird in mit Schnitzereien, Zinnzeug und Gemälden ausgestatteten Räumen an langen Holztischen deftig gegessen und ordentlich getrunken.

Brauerei Schumacher · Oststr. 123 · Schumacher-alt.de

Alles Wissenswerte über Düsseldorfs Spezialität Mostert (so heißt der Senf hier) erfährt man im Senfmuseum und -laden der Düsseldorfer Löwensenf GmbH. Das Personal beantwortet alle Fragen rund um die Heil- und Gewürzpaste. Experimentierfreudig? Dann nichts wie ran an das Senfkarussell: Hier probiert man Geschmacksvarianten von Coconut-Curry bis Meerrettich.

INSIDER-TIPP
Gib deinen Senf dazu

Senfmuseum · Berger Str. 29 · loewensenf-senfladen.de

Aus alt wird stylish

Plup steht für Planet Upcycling und bietet Mode und Accessoires aus wiederverwerteten und nachhaltigen Materialien: Die ungewöhnlichen Teile reichen von Taschen aus den Ösen recycelter Getränkedosen oder aus alten Feuerwehrschläuchen bis hin zu Brillen aus ausgedienten Skateboards. Die exklusiven Stücke sind ausgefallen, aber alltagstauglich und erschwinglich.

Plup · Ackerstr. 168b · planet-upcycling.de

Ist das Kunst?

Natürlich, und was für welche! Den Grundstock für das K20 bilden 88 Gemälde von Paul Klee, die die Landesregierung Nordrhein-Westfalens 1960 kaufte. Es ist auch eine Art Wiedergutmachung dem Maler gegenüber, der an der Düsseldorfer Kunstakademie gelehrt hatte und Deutschland 1933 verlassen musste. Die Abteilung vor 1945 zeigt u.a. Werke von Pablo Picasso, Max Ernst, Salvador Dalí, Wassily Kandinsky, Henri Matisse. Die Kunst nach 1945 versammelt bedeutende Vertreter amerikanischer Richtungen und des europäischen abstrakten Expressionismus. Im K21 im Ständehaus geht es um internationale Kunst seit den 1980er-Jahren. Bist du schwindelfrei? Dann nichts wie rauf auf die Rauminstallation von Tomás Saraceno.

Kunstsammlung NRW · K20: Grabbeplatz 5 · K21: Ständehausstr · kunstsammlung.de

Deftige Szene

Köstlichkeiten ohne Schnickschnack – das Motto der Destille ist Programm. Eine Speisekarte gibt es hier nicht, dafür wechselnde Tagesgerichte. Die Küche ist deutsch-rustikal, lecker und preisgünstig. Das kultige Kneipen-Bistro in der Carlstadt ist außerdem einer der kulturellen Hotspots der Szene: Regelmäßig gibt es Jazz, Blues, Kunst und Literatur.

Destille · Bilker Str. 46 · destille-duesseldorf.de

Nix Neues

Das ist noch ein richtiger Trödelmarkt. In unregelmäßigen Abständen lädt Düsseldorfs ältester Flohmarkt sonntags auf dem Gelände des Großmarkts zur Schatzsuche ein. Die Mischung aus Antikem und 80er-Jahre-Trödel überzeugt. Neuwaren sind hier strengstens verboten! Termine findest du auf der Website.

Radschlägermarkt · Ulmenstr. 275 · radschlaegermarkt-duesseldorf.de

Tequila Sunrise

Bunt wie ein Papagei sind auch die Partys im Papagayo. Auf zwei Ebenen gibt's House, Charts, R'n'B und Hip-Hop, bis 22 Uhr bei freiem Eintritt. Berühmt-berüchtigt: die Tequila-Bar im alten Gewölbekeller.

Papagayo · Mertensgasse 2 · elpapagayo.de

Von schief nach schräg

Kippende Wände, windschiefe Türme, im Mauerwerk verkantete Fenster: Der vom kalifornischen Architekten Frank O. Gehry entworfene Neue Zollhof ist der Eyecatcher des Medienhafens. Die drei Bauten in Weiß, Silber und Rot stehen im Kontrast zu den umliegenden Gebäuden aus Stahl, Beton und Glas. Pop oder Avantgarde, Dadaismus oder Spätdekonstruktivismus – während Fachleute über den Stil streiten, genießen die Düsseldorfer die bewegte Architektur: Nichts verläuft geradlinig. Denn der Neue Zollhof ist auch ein beliebter Treffpunkt.

Neuer Zollhof 2–6

Würzig

Hier gibt's die „ächten" Mostertpöttchen. Für Nichtrheinländer: Das heißt Senftöpfchen. Mit Mostert ist aber nicht der bekannte Löwensenf gemeint, sondern der „richtige" Düsseldorfer Senf. Er wird in Steinguttöpfen mit dem Düsseldorfer Anker und den Buchstaben ABB verkauft – den Initialen des Namensgebers Adam Bernhard Bergrath.

Gewürzhaus · Kapuzinergasse 16 · gewuerzhaus-altstadt.de

Wo sich der Himmel auch mal vertikal in Wellen legt: die fantastische Architektur des Neuen Zollhofs

Nicht nur nächtlich strahlender Höhepunkt der Stadt: der Rheinturm mit fantatstischer Aussicht

5982 Japaner

waren 2018 in Düsseldorf gemeldet.

7 Altbierbrauereien

gibt es noch im Düsseldorfer Stadtgebiet.

240,5 Meter

beträgt die Höhe des Rheinturms.

3000 Jahre

So lange ist Senf bekannt. Er kommt aus China, nicht aus Düsseldorf.

14.000 Gaslaternen

sind im Stadtgebiet noch in Betrieb. Sie sind als Kulturgut geschützt.

35 Stunden

So lange dauerte die längste Karnevalssitzung der Welt. In Düsseldorf.

„Ich will
Pulsschl
Rhythmu
Stadt sp

P. Feierwerk

meinen
ag im
ß der
“
iren.

Ham

Mai

burg

Wenn Meer und Land sich auf leckere Weise vereinen: Maischolle „Finkenwerder Art mit Speck“

Fischers Fritz schlemmt Scholle

Denk ich an Hamburg im Mai, denk ich an – Fisch. Genauer: an die Maischolle. Sie gehört in der Hansestadt zum Frühjahr wie der Grünkohl zum Winter. Kenner sagen allerdings, dass die Schollen im Juni oder Juli sogar noch besser schmecken, weil sie sich dann so richtig vom Laichen erholt haben.

Unbestritten ist, wie man den Fisch zubereitet: als Klassiker namens „Finkenwerder Art". Benannt ist das Gericht nach jenem Hamburger Stadtteil, von dem aus die Fischer früher die ganze Stadt mit den Schätzen des Meeres versorgten. Heute ist die Halbinsel am südlichen Elbufer eher für große Vögel bekannt: Hier liegt das Airbus-Flugzeugwerk. Doch zurück zum Fisch. Weil auf Finkenwerder auch Vieh gezüchtet wurde, kombiniert das traditionelle Rezept die Scholle mit Speck, dazu gibt es Kartoffeln und grünen Salat. Ersetzt man den Speck durch Nordsee-Krabben hat man „Büsumer Art". Serviert wird der Hamburger Küchenklassiker in vielen Fischrestaurants überall in der Stadt, darunter das Landhaus Scherrer in Ottensen *(landhausscherrer.de)*, Catch of the Day in der Hafencity *(kaispeicher-b.hamburg)* oder, direkt an der Elbe, der Fischclub Blankenese *(restaurant-fischclub.de)*. Die Schollenbestände in der Nordsee bekommen übrigens beim WWF-Fischratgeber grundsätzlich grünes Licht.

hamburg.de/maischolle

Ein Hauch von Meer

Hafenparty

1

Klar, ein Geheimtipp ist der Hafengeburtstag, der alljährlich an drei Tagen Anfang Mai gefeiert wird, natürlich nicht. Im Gegenteil, die Stadt platzt aus allen Nähten und wer als Hamburger kann, flüchtet aufs Land. Aber wo können Landratten sonst so viel Maritimes erleben, wie bei der Großen Einlaufparade, bei der stolze Windjammer mit geblähten Segeln wie früher die Elbe hinauffahren? Konzerte, Schlemmereien aus aller Herren Länder, Schlepperballett, Feuerwerk – wer sich mit den mehr als 1 Mio. Besuchern arrangieren kann, wird ein unvergessliches Fest erleben.

hamburg.de/hafengeburtstag

Richtung Horizont

2

Neuwerk gehört zum Hamburger Bezirk Mitte – und liegt doch rund 120 km weiter westlich in der Elbmündung. Der Weg zur 3 km² großen Insel mit ihren 40 Einwohnern – und jährlich 100 000 Gästen – ist ein besonderes Abenteuer: Ab April fahren hochbordige Wattwagen durch Schlick und Matsch bis zum Eiland mit seinem markant-wehrhaften Turm, der früher Piratenangriffe abwehren sollte und heute Deutschlands ältester Leuchtturm ist. Das Watt hautnah erlebt, wer die rund 12 km zu Fuß durch Schlamm und Priele marschiert. Aber bitte nicht allein: Die Flut kommt erbarmungslos zurück!

hamburg.de/sehenswertes-neuwerk · cuxhaven-neuwerk.de

Apfelblütendüfte

3

Weiß und rosa, das sind die Farben des Alten Landes im Frühling. Im Mai stehen die Kirsch- und Apfelbäume des Obstbaugebiets vor den Toren der Hansestadt in voller Blüte. Wenn du jetzt von Finkenwerder entlang der Elbe bis Stade wanderst, dann läufst du wie auf duftenden Wolken. Und das Beste: Der Blütentraum rund um Stade und Buxtehude mit ihren romantischen Fachwerk-Altstadtgassen ist nur eine Fährfahrt von den Landungsbrücken entfernt.

urlaubsregion-altesland.de

Frühlingstörn

4

Hamburg, Wasser, Schiffe? Elbe! Doch halt, es gibt noch ein anderes Gewässer, das die Hansestadt prägt: die Alster. Im Herzen der Stadt wirken Außen- und Binnenalster, getrennt durch den noblen Junfernstieg, wie zwei Seen und sind doch ein Fluss, der sich durchs Alsterfleet in die Elbe ergießt. Per Schiff lässt sich die Stadt kreuz und quer bis zum Winterhuder Fährhaus erkunden, Abstecher führen in die Kanäle. In der Frühlingsdämmerung besonders berückend!

alstertouristik.de · alsterdampfer.com

Hilfe, wir haben den Michel geschrumpft: Hamburgs Wahrzeichen im Miniatur-Wunderland

Das ganze Jahr über schön …

Hallo Hedi, wir wollen mit!

Im Sommer schippert die Tanzbarkasse „Frau Hedi“ durch den Hafen, es wird gechillt und getanzt. Sie ist legendär in Hamburg. Zur letzten Fahrt des Tages kommst du für die Hälfte des regulären Eintritts oder noch weniger mit.

Frau Hedi · Landungsbrücke 10/ Innenkante · frauhedi.de

Immer gut gekleidet

Ernst Brendler ist Marine- und Tropenbekleidungsspezialist. Das ehrwürdige Geschäft besteht seit 1879, ein Hauch Kolonialzeit liegt noch in den Räumen. Wie wär's mit einem Finkenwerder Fischerhemd? Oder einem extraleichten Tropenhemd?

Ernst Brendler · Große Johannisstr. 15 · ernst-brendler.de

Labskaus-Kostprobe

Der Ziegelbau unter der Brücke neigt sich bedenklich zur Seite, weshalb die Oberhafen-Kantine schon als „schrägste Kneipe Hamburgs“ tituliert wurde. Doch keine Sorge, die Architektur von 1925 hält; die einstige Kaffeeklappe steht unter Denkmalschutz und lockt z. B. mit einer Probierportion Labskaus samt Wachtelei und Rollmops. Nur Mut! Schmeckt besser, als es aussieht. Danach ist sicher noch Platz für eine Hamburger Weißwurst (!).

Oberhafen-Kantine · Stockmeyerstr. 39 · Tel. 040 32809984 · oberhafenkantine-hamburg.de

Ein Mini-Wunder!

Superlative über Superlative und das zu Recht: Was die Gebrüder Braun mit ihrem Vater und ihren Mitarbeitern in der Speicherstadt verwirklicht haben, lässt sich nur als Spitzenerlebnis für die ganze Familie beschreiben! Gesteuert wird die größte Modellbahnanlage der Welt mit Dutzenden von Computern und viel Herzblut des Teams. Über zwei Etagen erstrecken sich allein die Schweizer Alpen, der Grand Canyon ist zu sehen, die norwegischen Fjorde und ein riesiger Flughafen mit startenden und landenden Maschinen.

Miniatur-Wunderland · Kehrwieder 2 · miniatur-wunder land.de

Inas Nacht

Die alte Seemannskneipe am Fischmarkt erlebt eine Renaissance, seit Entertainerin Ina Müller hier ihre Late-Night-Show dreht. Verrenk dir beim Bilder- und Gedöns-Gucken nicht den Hals!

Zum Schellfischposten · Carsten-Rehder-Str. 62 · Tel. 040 383422

Heiße Schokolade

Oben residieren Vereine, eine Moschee und die Dom-Kita, in der Halle bieten mehr als 20 kleine Geschäfte und Schlemmerstände ihre Waren an. Ständig ist hier was los – im Winter Eisstockschießen, im Sommer Foodtruck- und Flohmärkte. Auch wenn du eher Kaffeetrinker/in bist, solltest du dir die Trinkschokoladen bei der Confiserie Paulsen nicht entgehen lassen.

Rindermarkthalle · Neuer Kamp 31

Aufs Wasser

800 km lang ist das Kanal- und Fleetnetz der Stadt, Ortsunkundige paddeln am besten auf der Außenalster und Richtung Stadtparksee. Die Bootsverleiher vermieten (meist April–Okt.) sowohl Kanus als auch Paddel- und Ruderboote. Dabei gilt: je weiter von der Außenalster entfernt, desto günstiger. Beim Bootsverleih Dornheim kannst du sogar venezianische Gondeln mieten.

Bootsverleih Dornheim · Kaemmererufer 25, Winterhude · bootsver mietung-dornheim.de

Fernweh

Schiffe, Flüsse, Meer: Um diese Themen dreht sich alles in der Buchhandlung Hafenfuchs. Inhaberfamilie Fuchs ist stets präsent und weiß immer Rat. Tolle Mitbringsel sind die schönen alten Kreuzfahrt-Werbeplakate oder Schiffswimpel. Und klar: Bücher gibt's natürlich auch.

Hafenfuchs · Shanghaiallee 21 · hafenfuchs.de

Alles Backstein

Über jede Kritik erhaben ist das wilhelminische Backsteinensemble der Speicherstadt, das Ende des 19. Jhs. aus dem Boden gestampft wurde. Wer die Ziegelpracht abspaziert, kann sich kaum vorstellen, wie brutal damals die Umsiedlungsaktionen für ihre Entstehung war. Zehntausende Menschen wurden zwangsumgesiedelt, prachtvolle Renaissancebauten und mittelalterliche Fachwerkhäuser abgerissen. Innerhalb weniger Jahre entstanden die gewaltigen Bauten mit ihren Türmchen und Erkern. Immer noch werden hier Teppiche, Kaffee und Tee gehandelt. Wer mehr als nur bummeln will: Zur Auswahl stehen u.a. das Speicherstadtmuseum, das Internationale Maritime Museum, Spicy's (alles rund um Gewürze) und das Miniatur-Wunderland (s. zuvor).

Speicherstadt · Speicherstadtmuseum: Am Sandtorkai 36, speicherstadtmuseum.de · Maritimes Museum: Kaispeicher B, imm-hamburg.de · Spicy's: Am Sandtorkai 34, spicys.de

Tunnelblick

Steil führen die Treppen nach unten, während daneben die Autos im Fahrstuhl in die Tiefe ruckeln. Der Fußmarsch durch die gekachelten Röhren des Alten Elbtunnels 24 m unter der Elbe ist ein Erlebnis! Der Kuppelbau an den Landungsbrücken hatte das Pantheon in Rom zum Vorbild. Davor oder danach noch ein Fischbrötchen von Käpt'n Schwarz ...

Alter Elbtunnel

Auf den Landungsbrücken ist immer die Hölle los. Im Minutentakt legen Hafenfähren an und ab, dazwischen kommt der Helgoland-Katamaran. Lass dich von der Hektik – werbende Hafenrundfahrtskapitäne, gehetzte Pendler, Ausflügler mit Fahrrädern – nicht verunsichern. Hol dir ein XXL-Fischbrötchen, dann ein paar Stufen nach oben auf die Aussichtsterrasse und beobachte den Trubel von dort.

INSIDER-TIPP
Aussicht mit Remoulade

Landungsbrücken St. Pauli

Wasser, Sterne, Musik

Das jüngste und schon berühmteste Wahrzeichen der Stadt ist die Elbphilharmonie. Konzertkarten sind rar, doch die Plaza in 37 m Höhe ist öffentlich. Du fährst die 82 m lange Rolltreppe nach oben – und bist vermutlich erst mal ganz still. Der Blick von der Plaza bzw. der Galerieterrasse schlägt alles, was Hamburg bisher zu bieten hatte. Komm am besten abends, möglichst spät (dann ist es leerer; Tickets buchen s. Website): Unten funkeln die Schiffslichter; im Wellendach mit seinen 1100 gebogenen Scheiben spiegelt sich der Mond.

Plaza Elbphilharmonie · Platz der Deutschen Einheit 4 · elbphilharmonie.de

Am Fenster

Auch die Promis speisen so gern bei Familie Kowalke, dass der 2019 verstorbene Chef Rüdiger selbst zur VIP-Szene gehörte. Frag nach einem Fensterplatz.

Fischereihafen-Restaurant · Große Elbstr. 143 · fischereihafenrestaurant.de

Ohne Fisch und Fleisch

Jenseits von Fischbrötchen: Dieser Imbiss machte den Hamburgern veganes Fastfood schmackhaft, erst in einem Foodtruck, jetzt etabliert in der Passage an der Binnenalster.

Vincent Vegan · Ballindamm 40/ Europapassage, 2. Stock · vincent-vegan.com

Senkrechtstarter nicht nur in Sachen Architektur: Kaum eingeweiht, war die Elbphilharmonie bereits Kult(ur)-Höhepunkt

Dicke Pötte, schlanke Kräne: Der Hamburger Hafen ist der drittgrößte Europas

20.170
Container

kann die 400 m lange MS MOL Triumph laden, die im Sommer 2018 den Hamburger Hafen anlief.

55
Spielzeiten

lang gehörte der HSV der 1. Fußball-Bundesliga an, so lange wie kein anderer Verein. Bis er 2017/18 doch absteigen musste.

97
Konsulate

gibt es in Hamburg. Das ist Platz 3 in der Welt nach New York und Hongkong.

3
Mal jährlich

wird der Hamburger Dom veranstaltet. Er ist damit das längste deutsche Volksfest.

263.000
Figuren

im Maßstab H0 bevölkern das Miniatur-Wunderland.

43
Kilometer

beträgt die Gesamtlänge der Kaimauern im Hamburger Hafen.

Heide

Juni
lberg

Heidelberg leuchtet, sprüht und flackert: Die Schlossbeleuchtung gibt's dreimal im Jahr

Die Romantik des Feuers

Der Sommer beginnt. Und damit die Heidelberger (und ihre Gäste) das nicht vergessen, gibt es die Schlossbeleuchtung. Der Name: eher nüchtern. Der Effekt: hinreißend. Auch für all die, die sonst einer Ruine – die immerhin bis in den hintersten Winkel der Welt als Inbegriff der Romantik gilt – nicht so rasend viel abgewinnen können.

Zunächst erstrahlt das Schloss in feuerrotem Licht, so, als ob es erneut brennen würde. Das hat es in seiner rund 800 Jahre langen Geschichte öfter getan, mal von Menschenhand wie im Pfälzischen Erbfolgekrieg, mal aus natürlicher Ursache, als Blitze ins Gebälk schlugen. Diese Zerstörung machte das Schloss weltberühmt – und das Gemäuer in den bewaldeten Hügeln oberhalb der Stadt versetzte Dichter und Maler aus der Zeit der Romantik in kollektive kreative Höhenräusche. Sehnsuchtsziel Heidelberg: kein (Gruppen-)reisender aus Übersee, der bei seinem Europa-im-Schnelldurchlauf-Trip nicht hier Halt macht. Hast du das Glück, am Termin der Schlossbeleuchtung auf der Nepomuk-Terrasse, am Neckarufer oder auf dem Philosophenweg zu stehen, erlebst du ein spektakuläres Feuerwerk über dem Neckar, während die Beleuchtung des Schlosses langsam verschwindet. Übrigens: Während die erste Schlossbeleuchtung den Beginn des Sommers anzeigt, markiert die dritte im September sein Ende.

heidelberg-marketing.de/events/highlights/schlossbeleuchtung.html · schloss-heidelberg.de

Sommer mit Schloss

Alles am Fluss

1

Und jetzt die stadtbummelmüden Füße im Wasser des Neckars kühlen … nichts leichter als das! Fristete der Fluss früher ein Stiefkinddasein am Rand der Altstadt, ist sein Gluckern und Plätschern heute Mainstream: Am Römerbad und am Iqbalufer locken Bars und Ruheoasen, am Neckarstrand gibt's sogar echten Sand. Also: chillen, Yoga, feiern an der badischen Copacabana.

neckarorte-heidelberg.de

Bummelmeile

2

Klar liegen an der Heidelberger Hauptstraße jede Menge Läden, wie sie in jeder Innenstadt der Republik zu finden sind. Doch halt, jetzt nicht gähnen! Die schnurgerade Bummelmeile, mit rund 1,5 km eine der längsten Fußgängerzonen Europas, bietet in Hinterhöfen und Seitengassen viele ausgefallene Lädchen und Boutiquen, mal schräg, mal skurril, aber immer spannend. Am besten, du beginnst „unten" am Bismarckplatz und schlenderst nach „oben", immer mit Ausreißern nach rechts und links, etwa auf die Plöck. Nutz den schönen Sommertag und leg in einem der vielen Cafés auch mal eine Pause ein.

heidelberg-marketing.de/erleben/einkaufen/einkaufsstrassen.html

Party mit Erdbeere

3

Sagt der Kurpfälzer „Kerwe" meint er feiern, babbeln, trinken. Bei der Hendsemer Kerwe, der Handschuhsheimer Kirchweih, ist das vor allem Erdbeer-Margarita: Für das Kultgetränk werden in der Tiefburg kiloweise süße Früchtchen mit Alkohol „veredelt". Wer als Nicht-Heidelberger an einem der drei Tage vorbeikommt, erlebt ein authentisches Fest, von den Bürgern für die Bürger. Inklusive Schiffschaukel, die man als Mitfahrer selbst zum Schwingen bringen muss. Getanzt wird in der Tiefburg – aber eigentlich ist im ganzen Heidelberger Stadtteil jede Menge los.

tiefburg.de/kerwe.htm

So ein Theater!

4

Der Mensch zog aus, die Fledermaus ein, denn im Schloss leben seltene Arten der Flugsäuger. Einem ganz besonderen Vertreter der Flattermänner ist man in der Ruine auch schon begegnet: Graf Dracula hat bereits im fürstlichen Gemäuer residiert, während der Schlossfestspiele, als Held eines Theaterstücks. Aber nicht nur die Schauermär aus dem Reich der Blutsauger ist ideal fürs romantische Setting zwischen Schlosshof und Dickem Turm. Jedes Jahr wird hier von Juni bis August in Theaterkunst geschwelgt.

theaterheidelberg.de

Ins Warme

5

Hallo, japanische Wollmistel! Guten Tag, spanischer Ginster! Was geht, saure Zitrone und herbsüßer Granatapfel? Am Philosophenweg begegnest du dem mediterranen Sommer, denn hier bist du an einem der wärmsten Orte Deutschlands. Du wanderst (oder: wandelst) unter Pinien und Platanen, an Bambus vorbei und an Zypressen und genießt dazu einen Blick über Fluss und Altstadt, der seinesgleichen sucht. Hinauf von der Alten Brücke führt dich der Schlangenweg, ein steiles Verbindungsstück, an dem Heidelberg ein bisschen an die portugiesische Hauptstadt Lissabon erinnert. Hier wie dort gibt es Aussichtpunkte, im portugiesischen *miradouros*, deren Ausblick einem den Atem rauben. Ein Wanderklassiker, den man gemacht haben muss!

heidelberg-marketing.de/erleben/sehenswuerdigkeiten/philosophenweg.html

Wo spätere Geistesgrößen schmorten: im Studentenkarzer

Das ganze Jahr über schön ...

Grün und berüchtigt

Es gibt 600 Sorten Absinth. 280 Varianten der berühmt-berüchtigten Kräuterspirituose sind in der Galerie Grüner Engel zu bekommen. Schon der außergewöhnlich gestaltete Laden selbst lohnt einen Blick.

Galerie Grüner · Engel · Untere Str. 14 · absinthehouse.com/de/gruener-engel

Leben um 1900

Eintritt frei in ein Stück deutsche Geschichte: Wie lebte eine achtköpfige Handwerkerfamilie um die Wende zum 20. Jh. ohne elektrisches Licht und fließendes Wasser? Einen Eindruck davon erhält man, wenn man die Stiege im Hof des Hauses Pfaffengasse 8 hinaufsteigt. Die Ausstellung im Geburtshaus des ersten Reichspräsidenten Friedrich Ebert (1871–1925) blickt auf das Leben und die politischen Ereignisse um 1900 und auf die Anfangsjahre der Weimarer Republik zurück.

Reichspräsident-Friedrich-Ebert-Gedenkstätte · Pfaffengasse 8 · ebert-gedenkstaette.de

Hotspot

Die Halle 02, das Kultur- und Konzerthaus im ehemaligen Güterbahnhof ist einer der Hotspots, wenn es ums Partymachen geht. 90er-Partys, Indie, Elektro und diverse Liveacts gibt es nachts in den alten Lagerhallen auf die Ohren. Neben etablierten Künstlern rocken hier auch Newcomer die Bühne. Tagsüber steigen in den Hallen kulturelle Events, Kunstausstellungen und Flohmärkte. Im Sommer lässt es sich mit einem Bier oder Eis super auf der Wiese neben den Hallen entspannen.

Halle 02 · Zollhofgarten 2 · halle02.de

Der Rote Ochsen ist eines der wenigen Heidelberger Studentenlokale, die sich „historisch“ nennen dürfen. Hier gibt es bodenständige Gerichte, ein tägliches Stammessen und die schönste Tradition der Stadt: Jeden Abend ab 19.30 Uhr spielt der Mann am Klavier – und das seit vielen, vielen Jahren.

INSIDER-TIPP
Studentenleben mit Musik-Begleitung

Roter Ochsen · Hauptstr. 217 · roterochsen.de

Eine Schifffahrt, die ist günstig ...

Die „Liselotte von der Pfalz“ ist die Neckarfähre und deshalb preiswerter als klassische Ausflugsboote. Natürlich fährst du auch nicht so lange – dafür geht's mit Mittelmeerfeeling von der Altstadt (Anlegestelle Stadthalle) zum Marriott Hotel und zurück bis zur Alten Brücke. Und mit einer VRN-Tageskarte schippert man zum Kinderpreis.

vrn.de

Runter in die Höhle

Der Gewölbekeller in der Altstadt, in den du über eine schmale Wendeltreppe hinabsteigst, gilt als ältester Studentenjazzclub Deutschlands. Internationale Größen wie Louis Armstrong oder Carlos Santana spielten schon im Cave 54. Heute steigen hier Partys und Jazznights.

Cave 54 · Krämergasse 2 · cave54.de

Strafe musste sein

Wer als Studiosus in früheren Zeiten etwas auf sich hielt, musste wenigstens eine Nacht im „Grand Hotel“ oder im „Palais Royal“ verbracht haben. Im Studentenkarzer siehst du noch heute die Kritzeleien der ehemaligen Insassen. Nach blutigen Raufereien, Einbrüchen in Gärten und Weinbergen drohte bis 1914 ein Arrest zwischen drei Tagen und vier Wochen – allerdings durften die Studenten ihre Vorlesungen besuchen. Strafverschärfung?

Studentenkarzer · Augustinergasse 2 · heidelberg-marketing.de

Für Langschläfer und Instagrammer

Die leckeren Frühstückskreationen gibt's für Langschläfer bis 15 Uhr. Instagrammer aufgepasst: Alle Gerichte sind kunstvoll angerichtet und fast zu schade zum Essen. Am Abend trifft man sich zum Signature Drink im Außenbereich oder versinkt in einem der gemütlichen Loungesessel.

Café und Bar Deer · Friedrich-Ebert-Anlage 1 · cafe-bar-deer.de

Keine leichte Kost

Klingt erst mal seltsam, ist aber hochspannend, allerdings auch keine leichte Museumskost: Die Sammlung Prinzhorn bewahrt einen weltweit einzigartigen Bestand an Werken, die Patienten psychiatrischer Anstalten um die Wende zum 20. Jh. schufen. Der Psychiater und Kunsthistoriker Hans Prinzhorn trug damals rund 5000 Werke zusammen. Die Sammlung wächst aber noch heute. Jeweils 200 Arbeiten werden in einem ehemaligen Hörsaalgebäude der Neurologischen Klinik gezeigt.

Museum Sammlung Prinzhorn · Voßstr. 2 · prinzhorn.ukl-hd.de

Ausflug ...

... in die Spargelstadt Schwetzingen: Der Park des Kurfürstlichen Schlosses ist einfach umwerfend! Eine Moschee gibt es auch ...

Schlosspark Schwetzingen · RNV-Bus 717 ab Heidelberg Hbf. · schloss-schwetzingen.de

Alles grün

Feine vegetarische und vegane Speisen mit Zutaten aus kontrolliert biologischem Anbau oder direkt aus dem Hausgarten, auch mit Wildkräutern – am Büfett oder aus der heißen Pfanne. Unbedingt Platz für den hausgemachten Kuchen lassen!

Red – Die grüne Küche · Poststr. 42 · red-diegruenekueche.com

Alltägliche Klassiker

Ein kleines Mysterium: Die meisten Heidelberger haben davon gehört, die wenigsten waren dort. Dabei läuft man ständig daran vorbei! Der Eingang des Deutschen Verpackungsmuseums befindet sich direkt an der Hauptstraße: Durch den Innenhof geht es zur ehemaligen Notkirche, in der das kleine Museum untergebracht ist. Zu sehen gibt es Verpackungsklassiker von Nivea, Coca-Cola, Persil, Milka, Odol usw. Spannende Zeitreise für Designinteressierte!

Deutsches Verpackungsmuseum · Hauptstr. 22 · verpackungsmuseum.de

Brezelsuche

Außer dem Hotel Zum Ritter ist die gotische Kirche am Marktplatz das einzige Gebäude der Stadt, das von den Zerstörungen während des Pfälzischen Erbfolgekriegs verschont blieb. In der ersten Hälfte des 15. Jhs. erbaut, erfüllte sie religiöse und weltliche Funktionen: Grablege der Kurfürsten, katholische, dann evangelische Pfarrkirche, Festsaal der Universität und Aufbewahrungsort der einstmals bedeutendsten europäischen Büchersammlung: Die Bibliotheca Palatina befand sich auf den Emporen, was die eigentümliche Breite der Seitenschiffe und die Enge des Kirchenschiffs erklärt. Und wer sich gar nicht für Kirchen interessiert, sollte auf jeden Fall die Außenmauer bei den Verkaufsständen unter die Lupe nehmen: Dort sind verschieden große Brezeln eingraviert, mit denen die Käufer prüften, ob ihre Brezel dem gültigen Mindestmaß entsprach.

Heiliggeistkirche · Hauptstr. 189

Studentenfutter

Willkommen in der preisgekrönten Zeughaus-Mensa im Marstall: Am Büfett stellst du dir dein Menü selbst zusammen, studentisches Flair und Biergartenatmosphäre gibt's gratis dazu. Eine Tagessuppe kostet 90 Cent, Suppe mit Hauptgang ist für ca. 5 Euro zu haben. Im Sommer sitzt du wunderschön draußen im Innenhof.

Zeughaus-Mensa · Marstallhof 3 · stw.uni-heidel berg.de

Genuss und Müßiggang in Heidelbergs guter Stube vor der Heiliggeistkirche

Was für ein Fass! 7 m breit, 8,50 m lang und mit einem Tanzboden obendrauf – wenn es gar zu weinselig wird

1386

wurde die Ruprecht-Karls-Universität gegründet. Sie ist damit die älteste Universität Deutschlands.

600.000 Jahre

alt ist der 1907 im badischen Mauer gefundene Unterkiefer des Homo heidelbergensis.

11 Nobelpreisträger

kann die Universität verzeichnen.

221.726 Liter

passen in das Karl-Theodor-Fass von 1751. Es ist das größte der vier Großen Fässer im Heidelberger Schloss.

88 Minuten

dauert die 1952 gedrehte Filmschnulze „Ich hab' mein Herz in Heidelberg verloren".

28.653 Studenten

waren im Wintersemester 2019/20 an der Universität eingeschrieben.

Leip

Juli

zig

Sightseeing mit Wasserzauber

Sich durch die Stadt treiben lassen – dieser immer wieder gern bemühte Allgemeinplatz bekommt in Leipzig eine ganz neue Bedeutung. Und zwar eine im eigentlichen Wortsinn: Wer sich im Stadthafen ein Kanu ausleiht gondelt tatsächlich ganz bequem über Flüsse und Kanäle, mal mit Paddeleinsatz und mal ohne. Kilometerweit über schiffbare Flussläufe – bis zu den Seen rund um die Stadt, die ebenfalls an den sperrig benannten Touristischen Gewässerverbund Leipziger Neuseenland angeschlossen sind.

Wie wär's mit dem Karl-Heine-Kanal als Einstieg? Unter 15 Brücken hindurch geht es, vorbei am warmen Backstein alter, sanierter Fabriken, vom Lindenauer Hafen bis zur Weißen Elster. Mach an Anlegern fest, gönn dir ein Eis oder ein Bier in einer Kneipe am Wasser oder erkunde das Künstler- und Szeneviertel an der Spinnereistraße. Noch nicht genug vom Wasser-Sightseeing? Morgen ist ja auch noch ein Sommertag – und dann kannst du durchs Zauberreich des Auwalds gleiten, bis zum Cospudener See paddeln, die Auen der Weißen Elster erkunden. Ach, man kann die Stadt sogar zu Fuß erkunden? Leipzig hat auch abseits des Wassers viel zu bieten? Muss einem ja mal gesagt werden!

leipzig.travel · stadthafen-leipzig.com

Die Sommer-City

In die Nacht

1

Wenn es Nacht wird in der City, wartet der Drallewatsch. Für alle Nichtsachsen frei übersetzt: der Zug um die Häuser. In Leipzig trägt die Gastromeile rund ums Barfußgässchen diesen Namen. Hier, wo Kneipe an Restaurant an Bar und wieder an Kneipe liegt, kannst du in Weltrekordzeit und auf wenigen Metern (zusammen mit vielen Touristen) zigmal die Location wechseln. Überhaupt ist sommerliches Ausgehen in der Sachsenmetropole eine Open-Air-Angelegenheit: Auch in der (jungen) Karl-Liebknecht-Straße, der (bunt-alternativen) Karl-Heine-Straße und der (eher touristischen) Gottschedstraße atmest du laue Sommerluft, während du bei Cocktails, lokalem Gerstensaft wie Gose oder Sternburg und leckerem Essen durch den warmen Abend surfst.

leipzig.travel/de/freizeit/nachtleben-in-leipzig/

Im freien Fall

2

Erst ein atemloser Sturz, dann fünf Überschläge und nach 90 rasanten Sekunden weiche Knie: „Huracan" heißt die Achterbahn im Freizeitpark Belantis, die zu einer der steilsten der Welt gehört. In den acht Themenwelten des „Abenteuerreichs" sorgen nicht nur wilde Loopingaktionen, sondern auch noch Karussells, Rutschen, Wildwasser- und Geisterbahnen für ordentlich Adrenalin. Ostdeutschlands größter Freizeitpark liegt südlich von Leipzig direkt an der A38.

Belantis · Zur Weißen Mark 1 · belantis.de

In kühlen Wellen

3

Sie heißen Kulki, Cossi, Schladi oder Störmi und sie sind echt verführerisch an heißen Sommertagen. Denn der Kulkwitzer, der Cospudener, der Schladitzer und der Störmthaler See locken mit Strand und Chillen, mit Baden und Grillen, Wakeboarden, Segeln, Wasserski, Kitesurfen. Am Markkleeberger See wartet im Kanupark eine stehende Welle auf Surfer, vom glasklaren Wasser des Kulki träumen Taucher. Mehr als 20 Seen, Überbleibsel des Tagebaus, locken rund um Leipzig mit kühlem Nass.

leipzig.travel

Im Hör-Park

4

Auf einer Decke im Park liegen, über sich der blaue Sommerhimmel mit weißen Wolken, die an unbekannte Ziele segeln, und mit den Ohren auf Reisen gehen: Der alljährliche Hörspielsommer im Richard-Wagner-Hain verzaubert nachmittags die Kids mit Geschichten von Drachen, Einhörnern und sprechenden Katzen. Abends wird's beim größten Festival dieser Art in Deutschland dann erwachsener, aber nicht minder faszinierend und bildreich. Dann wölbt sich eben der unendliche Nachthimmel über Hörspielen, Live-Acts oder Audiowalks.

Richard-Wagner-Hain · hoerspielsommer.de

Im Dschungel

5

Es hat mit der großen Urlaubsreise in exotische Länder nicht geklappt? Oder der Leipziger Sommer musste zeitweise einem dieser fiesen Atlantiktiefs mit Ekelwetter Platz machen? Dann nichts wie los, auf die Südhalbkugel. Und Millionen von Jahre zurück in die Erdgeschichte. Vor rund 350 Mio. Jahren existierte der Großkontinent Gondwana, der im Leipziger Zoo wieder auferstanden ist. Die Illusion ist perfekt: Durch einen dunklen Vulkantunnel, in dem dich Pfeilschwanzkrebse – sogenannte „lebende Fossilien" – begrüßen, schreitest du in eine 35 m hohe, helle Halle. Halb erwartest du, dass dich jetzt der berühmte Afrikaforscher Livingston durch die Tropenhitze führt. Temperatur, Geräusche, Luftfeuchtigkeit – gerade noch in Leipzig, jetzt schon im Urwald. Der hat eine Fläche von mehr als zwei Fußballfeldern, rund 500 tropische Pflanzen- und 140 Tierarten leben unterm kissenartigen Glasdach. Erkunden kannst du ihn auf Fußwegen, einem Flusslauf samt Bootstour und auf einem 13 m hohen Baumwipfelpfad. Heia Safari!

Zoo Leipzig · Parthenstraße 8 · zoo-leipzig.de/tiere-erlebniswelten/erlebniswelten/gondwanaland

In der Nikolaikirche wurde in der DDR Geschichte geschrieben

Das ganze Jahr über schön ...

Für alle Sinne

Ein Architekt und ein Statistik-Professor tun sich zusammen und rufen in einem alten Heizkraftwerk eine großartige Kunst-Location ins Leben. Den „Rundgang“ im Kunstkraftwerk haben Künstler mit faszinierenden Licht- und Objektinstallationen versehen. In zwei Hallen werden in Wechselausstellungen Lichtbilder an die Wände projiziert, sphärische Klänge sorgen für Stimmung. Ein Fest für alle Sinne, und die „Giganten der Renaissance“ machen auch Kindern Spaß.

Kunstkraftwerk · Saalfelder Str. 8b · kunstkraftwerk-leipzig.com

Eleganz mit Patina

Vom Garderobenständer bis zur Wandvertäfelung ist im Café Grundmann alles original Art déco. Für Croissants und Kuchen kommen die Gäste von weither, Leipzigs Schöngeister treffen sich zu Lesungen, Musik und Stammtisch. Es gibt Tagesgerichte zum kleinen Preis, auf den Tisch kommt Wiener Küche.

Café Grundmann · Mahlmannstr. 16

Das hat Substanz

Hinter dem Straßengebäude versteckt sich ein wunderschöner Biergarten. Im Substanz werden leckere Burger gebrutzelt, häufig spielen Livebands. Drinnen ist es urig, mit Piano und nicht alltäglichen Bieren.

Substanz · Täubchenweg 67 · substanz-leipzig.de

Vleischlos

Draußen Graffiti und Streetart, drinnen Hummus, Tofu-Pide, Saitan- und Falafel-Burger. Denn das V in Vleischerei steht für vegan. So wie sich's für Plagwitz gehört ist die Eckkneipe alternativ, politisch, kompromisslos.

Vleischerei · Zschocherschestr. 23 · vleischerei.de

Freie Szene

Die naTo ist das Herz der freien Szene in Leipzig. Schon zu DDR-Zeiten traf sich in dem Flachbau in der Südvorstadt die alternative Szene. Im Saal finden Filmreihen, Konzerte, Lesungen und Theater statt. Vorne ist eine gemütliche Kneipe. All das ist fast Nebenschauplatz. Wo immer die freie Szene in Leipzig sich artikuliert – politisch, mit Veranstaltungen, mit Spaß und Spiel – steht die naTo in der ersten Reihe.

naTo · Karl-Liebknecht-Str. 46 · nato-leipzig.de

Martialisch

Die Feierlichkeiten zur Einweihung des martialischen Völkerschlachtdenkmals im Oktober 1913, 100 Jahre nach dem Sieg über Napoleon, waren ein nationales Ereignis. Der Kaiser reiste an, deutsche Fürsten und Vertreter der Herrscherhäuser Schwedens, Russlands und Österreichs. Im Denkmal dokumentiert eine Ausstellung die Baugeschichte. In der Krypta halten 16 steinerne Krieger Totenwache. Die kolossalen allegorischen Figuren in der Ruhmeshalle (Tapferkeit, Glaubensstärke, Opferfreude und Volkskraft) ragen 10 m in die Höhe. Dagegen muten die 324 fast lebensgroßen Reiterfiguren im Kuppeldach geradezu winzig an. Vom Turm hat man einen tollen Blick über die Stadt.

Völkerschachtdenkmal · Prager Str. · stiftung-voelkerschlachtdenkmal-leipzig.de

Wichtig und schön

Friedensgebete, Lichterketten, Demonstrationen – seit dem Wendeherbst 1989 ist St. Nikolai als Keimzelle der friedlichen Revolution bekannt. Schon immer spielte die älteste erhaltene Kirche Leipzigs eine wichtige Rolle im politischen Leben. Und schön ist sie auch noch: Im pastellfarbenen Kirchenraum betört die lichte Gestaltung mit korinthischen Säulen, aus denen Palmwedel zu sprießen scheinen. Die Ladegast-Orgel mit Spieltisch im Porsche-Design ist hörens- und sehenswert!

Nikolaikirche · Nikolaikirchhof 3 · nikolaikirche.de

Kein altes Eisen

In die alte Eisengießerei vom Westwerk, einem ehemaligen Industriekomplex, ist das Kaiserbad eingezogen. Der große Gastraum ist Wohn- und Esszimmer der Plagwitzer Kreativszene. In der Fabrik nebenan haben Künstler ihre Ateliers, in der Werkhalle finden Happenings statt. Du wirst am coolen Ambiente und unkomplizierten Essen deine Freude haben. Perfekt am Anfang einer langen Nacht in Plagwitz.

Kaiserbad · Karl-Heine-Str. 93

Wendegeschichte …

… in Reinkultur. In der Nacht zum 5. Dezember 1989 besetzten engagierte Bürger nach einer der legendären Montagsdemonstration das Stasigebäude am Dittrichring und machten der Angstherrschaft des DDR-Ministeriums für Staatssicherheit ein Ende. „Macht und Banalität" heißt die Ausstellung, die das Bürgerkomitee Leipzig in den Amtsstuben des Überwachungsapparats eröffnete.

Museum in der „Runden Ecke" · Dittrichring 24 · runde-ecke-leipzig.de

Regional & handgemacht

Die vom Bauhaus inspirierte Keramik von Hedwig Bollhagen hat viele Fans: In schlichte Streifen gehalten, wirkt sie nach Jahrzehnten noch modern.

Galerie am Nikolaikirchhof · Ritterstr. 5 · keramik-leipzig.de

Das ist Leipzig

… wie es leibt und lebt. An der Lützner Straße tobt der Verkehr, die Häuser sind grau und verfallen. Du gehst durch eine Toreinfahrt, an der kaum zu sehen das Schild „Neues Schauspiel" angebracht ist. Links eine Brandmauer, vorne ein überdachter Grillplatz, rechts der schmale Eingang in ein Industriegebäude. Du gehst die Treppe hoch, und schon stehst du in einer urgemütlichen Kneipe. Bestell dir ein kühles Bier oder einen Rotwein, und Tante Manfred wird dich nicht mehr aus ihren Armen entlassen. Im Theatersaal hinter der Kneipe hat das English Theater Leipzig seinen festen Spielort.

Tante Manfred · Lützner Str. 29

Immer schön korrekt

Das IfZ wird schon mal mit dem Berghain in Berlin verglichen, aber das hören die bescheidenen Betreiber nicht gern. Sei´s drum, die Beats in den Kühlräumen eines ehemaligen Heizkraftwerks lassen dein Innerstes vibrieren, dazu kommen eine coole Bar im unterkühlten Sichtbeton-Look, Dark-Room und ziemlich belebte Unisex-Toiletten. Vor 3 Uhr ist das IfZ im Dornröschenschlaf, doch dann vergisst du die Zeit bis es wieder hell wird. Die Betreiber legen Wert auf korrektes Verhalten: Grabschen, Stalken oder andere Anmache werden postwendend geahndet. In unregelmäßigen Abständen auch politische Veranstaltungen.

Institut für Zukunft · An den Tierklinken 38–40 · ifz.me

Davon kann man nie genug haben

Für alle, deren Taschensammlung nie vollständig ist: Das Taschenkaufhaus – ein Start-Up made in Leipzig – hat den richtigen Riecher für Styles, Farben und Formen.

Taschenkaufhaus Leipzig · Ritterstr. 9–13

Wer es nicht geschafft hat, Karten für das Gewandhausorchester zu bekommen: Unter dem Motto Klassik Airleben picknickt Jung und Alt im Rosental und hört dabei italienische Arien, begleitet vom weltweit größten Ensemble aus Berufsmusikern.

INSIDER-TIPP
Arien im Park

Gewandhausorchester · gewandhausorchester.de

Wo der Staat seine Bürger überwachte: Das Museum in der „Runden Ecke“ erinnert an Brutales und Banales der Stasi-Herrschaft

Friedlich ruht das Wasserbecken vor dem Völkerschlachtdenkmal

92.000
Gefallene

waren nach der Völkerschlacht von Leipzig 1813 zu beklagen.

1300
Streitsachen

hat das Bundesverwaltungsgericht mit Sitz in Leipzig 2019 erledigt.

24
Messehäuser

und Passagen gibt es in der Innenstadt.

300.000
Menschen

marschierten am 23. Oktober 1989 bei der größten Montagsdemonstration durch Leipzig. Wahrscheinlich sogar mehr.

185
Berufsmusiker

spielen im Gewandhausorchster.

91
Meter

hoch ist das Völkerschlachtdenkmal.

Germany - Playlist

Die komplette Spotify-Playlist findest du unter *MARCO POLO Deutschland Songs* oder über den App-Scan oben

Bochum Herbert Grönemeyer

Wissenswertes über Erlangen Foyer des Arts

Schwarz zu Blau Peter Fox

Hamburg Die Lassie Singers

Killesberg Baby Thomas D

Karl-Marx-Stadt Kraftklub

Berlin Lou Reed

Schickeria Spider Murphy Gang

Freiburg Tocotronic

Mün

August
chen

Komm, wir gehen auf die Sandbank in der Isar, ein bisschen Sonnenguthaben abheben

Die Mitte durchfließt ein Fluss

München gluckert. Es gluckst und plätschert. Du lauschst, unter dir die Flusskiesel, über dir nichts als blauer Himmel, der wegen der Augusthitze ein bisschen verwaschen aussieht. Und die Stadt? Ist weit weg – und doch in Steinwurfnähe. Denn die Münchner haben etwas, das sonst keine deutsche Großstadt besitzt: Flussbadestrände mitten in der City.

Klar, an heißen Tagen hast du die Isar, die sich 14 km weit durch die Stadt zieht, nicht für dich allein. Aber je weiter du (mit U-Bahn oder Fahrrad) rausfährst, desto einsamer werden die Ufer des in den 1990ern von seinem Betonkorsett befreiten Flusses. An der Großhesseloher Brücke ganz im Süden und nördlich der Max-Joseph-Brücke bis zum Oberföhringer Wehr ist wenig los. Für einen kurzen Abkühlungshüpfer während der Stadterkundung (die Isar ist kaaaalt!) bietet sich der Bereich zwischen Wittelsbacher und Reichenbachbrücke in der Au an. Ein Highlight ist der Flaucher, die „Isar-Riviera", die auch noch mit einem herrlichen Biergarten aufwartet. Viele halten das Naturbad Maria Einsiedel ein Stück südlich des Flaucher für das schönste Freibad Münchens – falls dir das Flussbaden nicht ganz geheuer ist. Denn ganz ohne Risiken ist es nicht, halte dich deshalb unbedingt an die Badeverbote. Und dass man seinen Müll wieder mitnimmt, ist selbstverständlich. Damit die Isar noch lange Sommerträume erfüllt.

Bayernpower

Hoch die Maß!

1

Wer weiß denn schon, wie viele Biergärten es in München gibt – und welcher dann auch noch der schönste ist? Auf jeden Fall musst du einen (oder zwei oder drei) besuchen, sonst bist du nicht in München gewesen. Nachdem es „schönste Biergärten" so viele gibt wie Biergartengänger, probier den größten (der Welt?): Bei 8000 Plätzen findest du im Hirschgarten auch einen für dich. Selbst, wenn sich die ganze Stadt entschlossen hat, den Sommertag bei Augustiner vom Fass zu vertrödeln. Dein Essen darfst du traditionell selbst mitbringen – aber dann verpasst du ja die Schweinshaxe!

Königlicher Hirschgarten · Hirschgarten 1 · hirschgarten.de · muenchen.de/leben/typisch-muenchen/biergartenkultur.html

Gehirnjogging

2

So, genug gechillt im entspannten Sommermodus. Jetzt darf auch der Kopf mal wieder ein bisschen arbeiten – dank Klimaanlage läuft das Gehirn im Museum auch nicht gleich heiß. Also geht's gleich in die Vollen: Das Kunstareal München, ein Straßengeviert in der Maxvorstadt, schlendert mit dir durch 5000 Jahre Kulturgeschichte – von den alten Ägyptern bis hinein in die moderne Kunst. Ob Paläontologisches Museum oder Pinakothek der Moderne, fürs Nichtstun an Hitze- (oder Regen-) tagen gibt's im Areal mit 18 Museen und Dutzenden weiterer kultureller Einrichtungen keine Ausrede.

kunstareal.de

Regenbogenbunt

3

Das berühmte Olympiadach schlägt Wellen, während sich davor das Riesenrad in Regenbogenfarben leuchtend in die Nacht dreht. Beim Sommerfestival impark, das seit 40 Jahren auf dem Coubertiniplatz die warmen Nächte neonbunt anmalt, geht's natürlich nicht nur abends rund. Mit Fahrgeschäften, Stöber- und Streetfoodständen, Konzerten, Biergarten, Aktionen auf dem Olympiasee und und und versüßt es allen, die Lust auf Volksfestatmosphäre haben, die Sommerferien. Toll ist übrigens der Blick vom Olympiaberg aufs bunte Treiben. Da freut sich der Instagram-Account!

Olympiapark · impark.de

Das ist der Gipfel

4

München liegt in den Alpen. Eigentlich. Fast. Sozusagen: Der Jochberg und der Herzogstand sind die Hausberge der Metropole. Gerade mal eine Stunde ist man bis zum Fuß des Letzteren unterwegs, dann geht's nochmal 2 bis 2,5 Stunden hinauf. Lohn der (moderaten) Wandermühe: das Panorama mit Walchen-, Kochel- und Starnberger See und der Blick bis München. Wer's nicht so mit dem Wandern hat, nimmt die Seilbahn. Eingekehrt wird im Herzogstandhaus.

herzogstandbahn.de · muenchen.de/freizeit/orte/120219.html

Heiße Party

5

Alles Banane an der Sonnenstraße. Wegen ihres gebogenen Verlaufs vom Sendlinger Tor bis zum Maximiliansplatz wird die Parytmeile auch „Feierbanane" genannt. In einer warmen Sommernacht kannst du hier und drumherum Dutzende Locations unterschiedlichster Art entdecken, von Indie und Alternative bis Elektro, mal schick und teuer, mal lässig und günstig, mal jung, mal älter. Im nahen Glockenbach- und Gärtnerplatzviertel wird fündig, wer ein Plätzchen auf einem Bar- oder Restaurantstuhl sucht.

muenchen.de/veranstaltungen/nightlife.html

Perfekter Selfie-Hotspot für Instagram & Co.: die schwebende Riesenkugel in den Fünf Höfen

Das ganze Jahr über schön ...

Um Karl Valentin (sprich „Fallentin") und seine Bühnenpartnerin Liesl Karlstadt geht es im Valentin-Karlstadt-Musäum im linken Turm des Isartors. Ein Abstecher ins Turmstüberl, ein Volkssängerlokal mit der Kaffeehauseinrichtung aus dem um die Jahrhundertwende legendären Café Größenwahn, lohnt ebenfalls. Jeden ersten Freitag im Monat wird dort ein Abendprogramm mit Musik, Lesungen und Kabarett geboten.

INSIDER-TIPP
Weisswurst mit Größenwahn

Turmstüberl · Isartor · turmstueberl.de

Voller alter Koffer

Eine Fundgrube für Filmausstatter und nostalgische Sammler alter Koffer: Der kleine Antiquitätenladen ist bis unters Dach vollgestopft mit antiken Möbeln, Industrielampen, Reisetruhen, Schrankkoffern und Globen. Also: Nichts wie losstöbern!

Sams & Son · Fraunhoferstr. 23

Ins Grüne surfen

Der Eisbach baut sich am Haus der Kunst zu einer brusthohen Welle auf und fordert den City-River-Surfern alles ab. Münchens Eisbachwelle und ihre Brettlbezwinger haben sich zur absoluten Touristenattraktion gemausert. Natürlich ist das Ganze ein Spektakel, bei dem man gern die Zeit vergisst. Aber bitte weitergehen, in den Englischen Garten! Mit Japanischem Teehaus, Aussicht vom Monopteros, Liegestuhlverleih am Schwabinger Bach und natürlich einigen Biergärten.

Englischer Garten

Teuflisch

Ein Wahrzeichen muss sein: Die 99 m hohen Zwiebeltürme der Frauenkirche prägen die Münchner Skyline wie kein anderes Bauwerk. Selbst als noch unvollendete Kirche (1488) konnte das Bauwerk von Jörg Ganghofer schon unglaubliche 20000 Gläubige aufnehmen – dabei hatte München damals lediglich 13000 Einwohner. Knapp 40 Jahre später wurde der spätgotische Bau dann 1525 mit dem Aufsetzen der beiden Zwiebelturmhauben komplettiert. Ihre letzte Ruhe fanden hier zahlreiche bayerische Blaublüter wie Kaiser Ludwig der Bayer, dessen Prunkgrabdenkmal ein beliebtes Fotomotiv ist. Sagenumwogen ist der schwarze Fußabdruck im Eingangsbereich. Soll dieser doch tatsächlich von Luzifer selbst stammen.

Frauenkirche · Frauenplatz 1 · muenchner-dom.de

Ein echtes Wirtshaus

In Münchens Szenegasthaus erklingt jeden Sonntag beim Frühschoppen zum Weißbier Blasmusik live. Bei kleinem Hunger schmecken das Griebenschmalzbrot mit Frühlingszwiebeln oder der abgebräunte Leberkäs mit hausgemachtem Kartoffelsalat. Zum Haus gehören außerdem das gleichnamige Theater sowie das Werkstattkino.

Fraunhofer · Fraunhoferstr. 9 · fraunhoferwirtshaus.de

Die Welt in Bayern

In diesem Ensemble aus Höfen und Passagen findest du jede Menge Weltläufigkeit in der bayerischen Metropole: In der eleganten Shoppingmall ist von der Buchhandlung bis zur Edelboutique, vom Glasladen bis zur Kunsthalle, von Schumann's Tagesbar bis zum Restaurant Barista Münchner Lebensgefühl komprimiert. Tolles Selfiemotiv: Stell dich unter die luftige Riesenstahlkugel!

Fünf Höfe · zwischen Theatiner- und Kardinal-Faulhaber-Str. · fuenfhoefe.de

Am richtigen Platz

In einem ehemaligen Versicherungsgebäude am Maximiliansplatz 5 sind gleich fünf Clubs beheimatet: Pacha (Ibiza-House), 089 Bar (Hits der vergangenen fünf Jahrzehnte), Rote Sonne (Elektro und Minimal), Sweet Club (zwei Floors und die nur für Mädels reservierte Einhorn-Bar), Call Me Drella (Paradiesvögel, Aktionskünstler, wild verkleidete Barmänner zu Elektro- und Hip-Hop).
Maximiliansplatz

Genieß' dich glücklich

Das Motto der Ringlers-Crew trifft voll zu. Köstliche Grill-Sandwiches samt selbst kreierter Saucen, täglich zwei wechselnde Mittagsgerichte unter 10 Euro, eins davon immer vegetarisch. Bioqualität ist hier oberstes Gebot.
Ringlers · Sendlinger Str. 45 · ringlers.net

Die Zeit vergessen

Vermutlich würden nicht einmal drei Wochen genügen, um im Deutschen Museum alles gesehen zu haben. Mittlerweile sind daraus sogar drei Museen entstanden. Im Stammhaus auf der Museumsinsel vergessen Kinder wie Eltern schnell die Zeit: im nachgebauten Bergbaustollen, in der Hochspannungsanlage oder im Kinderreich, wo es so viele Knöpfe und Schalter zum Drücken und Drehen gibt …
Deutsches Museum · Museumsinsel 1 · deutsches-museum.de

Subkulturell

Was ist denn das? Ein ausrangiertes Schiff mitten auf einer Brücke? Die Alte Utting in Sendlings ist ein Ort, an dem die Subkultur dem geschleckten München die Stirn bietet. Ein willkommener Hafen zum Trinken, Essen, Quatschen und Musik genießen.
Alte Utting · Lagerhausstr. 15 · alte-utting.de

Originell, charmant, riesig

Das etwas andere Kaufhaus: Bei Beck gibt es auf sechs Stockwerken neben populären Qualitätskollektionen, Trachtenmode und einer großen Strumpf- und Knopfabteilung auch viele Modelle aus Jungdesignerhand. Einzigartig sind (CD-)Auswahl und Angebote in der auf Jazz und Klassik spezialisierten Musikabteilung.
Ludwig Beck · Marienplatz 11 · kaufhaus.ludwigbeck.de

Blick über die Stadt

Vor allem Studenten genießen den Blick über die Stadt in dem Dachterrassen-Café in einem Gebäude der Technischen Universität mitten im Kunstareal. Achtung, Selbstbedienung! Also am besten direkt vom Aufzug die Theke ansteuern.
Café Vorhoelzer · Arcisstr. 21

Braune Vergangenheit

Nichts mit Kunst zu tun hat nur eines der vielen Museen im Kunstareal. Aber viel mit München. Wo einst das „Braune Haus" stand, die Zentrale der NSDAP, erzählt das NS-Dokumentationszentrum die Geschichte des Naziregimes und der „Hauptstadt der Bewegung". Mit der NS-Dokuzentrums-App könnt ihr den Spuren des Nazi-Terrors folgen. Insgesamt 119 Orte sind in und um München aufgeführt.
NS-Dokumentationszentrum · Brienner Str. 34 · ns-dokumentationszentrum-muenchen.de

Der Kini

Hier ist Ludwig II. in der Wittelsbacher Gruft begraben. Manche zweifeln allerdings daran, dass er hier liegt, genauso wie an der Legende, dass er ertrunken wäre im Starnberger See. Für den Bau plünderte einer seiner Wittelsbacher-Vorfahren, Herzog Wilhelm V., die Staatskasse. Für Superlativ-Fans: Nach dem Petersdom besitzt St. Michael das zweitgrößte Tonnengewölbe weltweit. Auch das Konzertprogramm kann sich hören lassen.
Michaelskirche · Neuhauser Str. 6 · Konzerte: erzbistum-muenchen.de

Kräftig zubeißen: Den leckeren Sandwiches kann selbst die Crew im Ringlers nicht widerstehen

Dolce Vita in der nördlichsten Stadt Italiens, wie München mit gern bezeichnet wird: Sommer im Englischen Garten

7,3 Mio. Maß Bier

rannen 2019 durch die Kehlen der 6,3 Mio. Besucher des Oktoberfests.

4,17 Quadratkilometer

groß ist der Englische Garten. Damit ist er der größte Stadtpark der Welt.

8000 Plätze

hat Münchens größter Biergarten, der Königliche Hirschgarten in Neuhausen-Nymphenburg.

100.000 Objekte

(höchstwahrscheinlich mehr) besitzt das Deutsche Museum. Nut ein Viertel davon kann gezeigt werden.

13,7 Kilometer

lang fließt die Isar durch München.

41 Jahre

sind Münchens Einwohner im Durchschnitt – die jüngste Großstadt Deutschlands.

Stutt

September
gart

Die Friedrich-Keller-Staffel gibt im Stuttgarter Norden den Blick frei auf den Fernsehturm am Kesselrand

Hoch hinaus ins Aussichts-Reich

Exakt 342 Meter. Das ist der Höhenunterschied zwischen dem tiefsten und dem höchsten Punkt der Stadt. Überwinden kann man ihn mit Bus und Bahn, Auto, (E-)Bike oder zu Fuß. Für letzteren Zweck hat der Stuttgarter aber schon vor Jahrhunderten die Stäffele erfunden.

Bis zu 600 Treppen überziehen die Hänge der Stadt, mal mondän und breit, mal schief und krumm oder verwunschen-romantisch. Ein schöner Spätsommertag ist perfekt, um die längste in Angriff zu nehmen. Es ist nicht mehr drückend heiß im Stadtkessel, die klare Luft erlaubt weite Blicke. 408 Stufen geht es die Willy-Reichert-Staffel hinauf auf die Karlshöhe, wo einer der schönsten Ausblicke der Stadt wartet. Du würdest doch lieber fahren, um von weit oben den Stuttgartern aufs Dach zu schauen? Dann nimm den Aufzug auf den Fernsehturm. Vom definitiven Höhepunkt der Stadt aus aalt sie sich vor dir in der Sonne. Ach, du willst die ganze Packung? Dann ab in den Osten: Über die Eugenstaffel (Achtung, sagenhaftes Eis beim „Pinguin" am Eugensplatz), die Gerok-, Hiller-, Sünder-, Georg-Elser-, Silber- und schließlich über die Buchwaldstaffel erklimmst du – in romantisch-verwunschenem Flair – den Gipfel, wo der Blick über den Stuttgarter Osten bis zum Welzheimer Wald reicht. Deine Beine danken's dir, wenn du ihnen eine Pause gönnst. Staune einfach noch ein bisschen weiter.

Hoch und heiter

Wasser marsch!

1

Wasser von oben kann ganz schön nerven. Wasser von unten auch. Wenn es sich allerdings um sprudelnd-warmes Nass voll gesunder Mineralien handelt, sieht die Sache schon ganz anders aus. Will heißen: Pack die Badehose ein, schlag dem Regen ein Schnippchen und pilger in eins der drei Mineralbäder der Stadt (aus deren Untergrund das größte Mineralwasservorkommen Europas nach Budapest sprudelt). Im Solebad Cannstatt blubberst du in 30° C warmem Kohlesäurewasser, das Außenbecken des Leuze setzt den grauen Wolken 32°-C-Thermalwasser entgegen. Naturnah-frisch geht's im Klassiker zu, dem ältesten Mineralbad Stuttgarts, dem Mineralbad Berg, das gerade saniert im 50er-Jahre Flair glänzt.

stuttgarterbaeder.de

Traubentränke

2

Stuttgart hat eine City mit Weinanschluss. „Mönchhalde" heißt der Tropfen aus dem Zentrum, der am allerfeinsten und in bester Schwabengesellschaft auf dem Stuttgarter Weindorf genossen werden kann. Der uriggemütliche Budenzauber findet normalerweise alljährlich zwei Wochen lang ab dem letzten Mittwoch im August statt. Ins Spiel kommt dabei auch die erwähnte „Mönchhalde", unter deren Namen sich die innerstädtischen Weine versammeln. Die werden von Kennern, dank der Steillagen, immer wieder zu den besten Württembergs gezählt. Und dass nicht nur der Schwabenklassiker Trollinger bei den Erzeugnissen dabei ist, zeigt: Stuttgart ist Süden – und mediterrane Trauben fühlen sich hier durchaus wohl.

stuttgarter-weindorf.de

Weinberg ahoi!

3

Ja, Stuttgart hat einen Hafen! Den kennen selbst viele Einheimische nicht, dabei kann man ihn so einfach besuchen. Und zwar passenderweise an Bord eines Schiffes, im Spätsommer, wenn es auf dem Fluss noch warm ist: Die Hafentour des Neckar-Käpt'n dauert 2,5 Stunden und ist gespickt mit Wissenswertem. Wer lieber an Weinbergen langtuckert, in denen die Winzer im September Führungen, Feschtle und Verkostungen anbieten, fährt neckarabwärts bis nach Marbach oder sonntags bis nach Hessigheim. Abgesehen von Erlebnisfahrten mit DJ oder – wer die Natur erkunden will – mit Guide (und Weißwurstfrühstück) ins Neckarbiotop Zugwiesen. Die Kombüse steht natürlich immer unter Dampf – Flussluft macht hungrig.

Neckar-Käpt'n · Anlegestelle Wilhelma · neckar-kaeptn.de

Autosehnsucht

4

Glück gehabt, Herbstregen ist angesagt. Also nichts wie hin in eines der beiden fantastischen Automuseen der Autostadt: Bei Porsche (s. li.) wollen mehr als 80 Sportwagen bewundert werden, „Porsche in the Mix" serviert Motorensound für den Ohrenrausch. Der noch beeindruckendere Bau des Mercedes-Benz Museums windet sich in einer Art Doppelstrang durch die Automobilgeschichte. 160 Fahrzeuge – vom ersten Auto der Welt bis zur Zukuftsvision – machen Regenwolken vergessen.

Porscheplatz 1 · porsche.com/museum/de · Mercedesstr. 100 · mercedes-benz.com/de/classic/museum

Wolkenträume

5

Einem Bären wirst du am gleichnamigen See nicht begegnen. Schließlich sind wir hier nicht in Kanada, auch wenn's ein bisschen so aussieht. Mit dem Bus kannst du das Idyll aus Bären-, Pfaffen- und Neuem See besuchen und den letzten Sommertagen hinterherträumen, während der eine oder andere Baum schon Indian Summer spielt. Mach den Trapperausflug aber nur wochentags, dann bist du so nah an der Stadt relativ allein und kannst auf der Wiese vorm Bärenschlössle schlemmen und noch einmal Wärme tanken. Am Wochenende dagegen tobt hier der – nunja – Bär.

stuttgart-tourist.de/a-baerensee-stuttgart

Ein Hauch Andalusien in Stuttgart: Das Maurische Landhaus erinnert an die Alhambra in Südspanien

Das ganze Jahr über schön …

Nostalgisches Aufzugabenteuer

Du bist noch nie Paternoster gefahren? Dann nichts wie hin ins Rathaus und mit dem nostalgischen „Personen-Umlaufaufzug" ein paar Runden drehen (wobei allerdings Vorschrift ist, im obersten bzw. im untersten Stock auszusteigen).

Paternoster im Rathaus · Marktplatz 1

Gärten und Gorillas

Die einen lieben die Wilhelma wegen ihrer wunderschönen Gebäude im maurischen Stil und den prächtigen Pflanzungen, die anderen verbringen völlig fasziniert Stunden im Menschenaffenhaus. Angelegt wurde die Wilhelma zwischen 1842 und 1853 als maurischer Garten und kleines orientalisches Paradies. Deutschlands einziger und Europas größter zoologisch-botanischer Garten verzaubert heute vor allem im Frühjahr, wenn sich das Blütenmeer des größten Magnolienhains nördlich der Alpen entfaltet. Weltberühmt und einzigartig in Europa ist die Aufzuchtstation für Menschenaffen. Hier leben die Gorillas, Bonobos und vorübergehend auch die Orang-Utans. Sehr entspannend ist im Sommer ein Bummel zum Abendtarif nach 16 Uhr.

Wilhelma · Haupteingang Neckartalstraße, Nebeneingänge im Rosensteinpark und an der Pragstraße · wilhelma.de

Der Blick von der Terrasse des Flora & Fauna schweift über Seen und Parklandschaft. Der Name ist Programm: Die Flora verschönt den Rosensteinpark, die Fauna paddelt in Wasservogelform über den Teich vor der großen Terrasse. Und sonst? Flammkuchen, Falafel, frische Kuchen – und ganz viel Chillen an der Bar oder open air, bis die letzte Stadtbahn kommt.

INSIDER-TIPP
Lieblingsplatz mit Bahnanschluss

Flora & Fauna · Am Schwanenplatz 10 · floraundfauna-stuttgart.de

Im Schönen schwelgen

Sehr beliebt: erst durchs Schlaraffenland der Markthalle (s. zuvor) schlendern und dann im gleichen Haus in den Wohnaccessoires von Merz & Benzing schwelgen. Hier gibt es Möbel, Gläser, Kochutensilien, Stoffe, Blumen, Gartengeräte und viele schöne Dinge mehr der gehobenen Preisklasse – wunderbar atmosphärisch arrangiert.

Merz & Benzing · Dorotheenstr. 4 · merz-benzing.de

Kulinarische Weltreise

Im Jugendstilbau der Markthalle duftet's exotisch: Öl aus Italien, Tee aus Indien oder Honig aus der Türkei – mehr als 30 Stände bieten Obst, Gemüse und andere Genüsse aus aller Welt zu gehobenen Preisen an. Vor allem an Wochenenden drängt man sich zwischen Früchten und Käse, Eclairs und Bio-Fleisch in den engen Verkaufsgassen. Das Treiben lässt sich von der Galerie aus bei einem Espresso entspannt genießen.

Markthalle · Dorotheenstr. 4 · markthalle-stuttgart.de

Nach hinten durchgehen

Während man vorne tafelt, gehen im hinteren Bereich Kabarett, Konzerte oder Lesungen über die vielleicht hübscheste Bühne der Stadt. Es gibt verschiedene Reihen wie den beliebten Poetry Slam, die „Open Stage" oder den „Quatsch Comedy Club", ansonsten geben sich hier Größen wie Hazel Brugger oder Sebastian Puffpaff das Mikro in die Hand.

Rosenau · Rotebühlstr. 109b · rosenau-stuttgart

Currywurst korrekt

Nach dem Shoppen in den Königsbau-Passagen kann man sich im „Gourmet“-Imbiss mit Currywurst vom Schwäbisch-Hällischen Landschwein, Rindswurst vom Boeuf de Hohenlohe, Albbüffel-Burger oder Belgischen Waffeln stärken. Die Zutaten sind regional, ganz ohne Geschmacksverstärker und maximal lecker. Das gute Gewissen schlemmt mit!

Martha's · im Königsbau, Königstr. 28 · marthas-stuttgart.de

Hip schmausen

Wer findet wohl in einem Lokal in einer ehemaligen Metzgerei immer etwas zum Schmausen? Genau, Vegetarier und Veganer! Dry-Aged-Fleisch-Fans verdrehen aber ebenso verzückt die Augen wie alle, die Karibischen Eintopf, Wildschwein-Sauerbraten oder Tom-Ka-Suppe mögen. In der hippen Hochburg im Westen geht's nämlich fantasievoll regional-international zu.

Metzgerei · Elisabethenstr. 30 · metzgereistuttgart.de

Ambitioniert

In Sachen kleine und mittelgroße Veranstaltungsorte hat Stuttgart wegen S21 ordentlich Federn lassen müssen. Umso toller ist diese Eventlocation in Bad Cannstatt, die dank ambitioniertem Booking auch noch viele gute Bands in die Stadt holt.

Im Wizemann · Quellenstr. 7 · imwizemann.de

Auf Zack

„Zacke“ nennen die Stuttgarter liebevoll ihre Zahnradbahn. Die Fahrt geht los am Marienplatz über die Alte Weinsteige hinauf nach Degerloch. Unterwegs bietet die Fahrt schöne Blicke auf die Stadt – und die Gewissheit, in der einzigen Bahn dieser Art in einer deutschen Großstadt zu fahren.

Zahnradbahn · Marienplatz

Kunst mit Aussicht

Schon allein der Faszination des Glaswürfels auf dem Schlossplatz kann man sich kaum entziehen. Toll, dass im Kubus dann auch noch klasse Kunst wartet: Die Sammlung der Galerie der Stadt Stuttgart reicht vom frühen 19. Jh. bis zur Gegenwart mit Schwerpunkt auf Otto Dix – man beansprucht für sich, die größte Dix-Sammlung der Welt zu besitzen. Im obersten Stockwerk des Glaswürfels liegt das Restaurant Cube. Vor dessen Tür hast du eine tolle Gratisaussicht auf das prachtvolle Schlossplatzensemble.

Kunstmuseum Stuttgart · Kleiner Schlossplatz 1 · kunstmuseum-stuttgart.de

Und drunten leuchtet die Stadt

Klassische Biergartenatmosphäre herrscht bei *Tschechen & Söhne*, mit allem, was dazugehört. Nicht nur in der blauen Stunde, wenn sich die City fein macht für die Nacht, ist der Ausblick vom Biergarten auf der Karlshöhe hinab auf die Stadt atemberaubend. Zurücklehnen, zuprosten, staunen.

Tschechen & Söhne · Humboldtstr. 44 · biergarten-karlshoehe.com

Kultig

Das Café Weiß ist eine wahre Kultkneipe mit Butzenscheiben, Kassettendecke, Textiltapeten und einer ordentlichen Getränkekarte. Nicht nur bei den Livekonzerten, Ausstellungen, Lesungen, Kleinkunst (s. Facebook) brummt der Laden bis tief in die Nacht.

Café Weiß · Geißstr. 16 · cafe-weiss.de

Gar nicht schlecht

Ungewöhnlicher Name, faires Konzept: Bei Schlechtmensch findest du alles, was Gutes tut. Also ausschließlich zertifizierte Fair Fashion (Armedangels, Lanius, Recolution ...) für Sie und Ihn. Um den Spaß am Einkaufen zu erhöhen, gibt es auch Bio-Gin, -Limos und Organic Coffee zum Mitnehmen.

Schlechtmensch · Neckarstr. 86 · schlechtmensch.de

Shoppen und Schauen: Direkt am Schlossplatz liegen die Königsbau-Passagen

Das ist weltweit (fast) einmalig: Neben Wien ist Stuttgart die einzige Großstadt mit einem eigenen Weingut

205 Höhenmeter

überwindet die Zahnradbahn auf ihrem Weg vom Marienplatz nach Degerloch.

423 Hektar

Rebfläche besitzt Stuttgart, das sind zwei Prozent des Stadtgebiets. Damit ist die Stadt eine der größten Weinbaugemeinden Deutschlands.

10 Milliarden Euro

wird der Tiefbahnhof Stuttgart 21 kosten. Ursprünglich waren 3 Milliarden veranschlagt.

1956

wurde der Fernsehturm eröffnet, der erste seiner Art weltweit.

22 Millionen Liter

Mineralwasser sprudeln täglich aus den elf Quellen von Bad Cannstatt. Nur Budapest hat in Europa mehr.

408 Stufen

hat die Willy-Reichert-Staffel bei der Karlshöhe und ist damit die längste der ca. 600 Stuttgarter Stäffele.

Wei

Oktober

mar

Wo Gemüse sich in Deko wandelt: auf dem Weimarer Zwiebelmarkt

Im Namen der Zwiebel

Eine Zwiebel ist eine Zwiebel ist eine Zwiebel. Zumindest am zweiten Oktoberwochenende trifft die Abwandlung des weltberühmten Zitats von Getrude Stein auf Weimar zu. Dann ist nämlich Zwiebelmarkt in der Stadt – und das Lauchgewächs bestimmt drei Tage lang auf dem größten und ältesten Volksfest Thüringens das Leben in den Straßen und auf den Plätzen, die auch heute noch so herrlich atmosphärisch-klassizistisch daherkommen.

Zwiebelkuchen, Zwiebelzöpfe, Zwiebelmarktkönigin – und trotzdem musst du nicht unbedingt ein Fan der Knolle sein, um Spaß zu haben (obwohl es hilft). Kulinarisch steigst du einfach auf die allseits bekannte Thüringer Rostbratwurst um. Oder du hältst es zwiebelzopf- und dekomäßig mit Goethe: „Die blanken Zwiebeln sind an langen Fäden wie Perlenschnüre aufgezogen und nehmen sich gar artig aus. Goethe ließ davon für 14 Pfennige für das ganze Jahr einkaufen und hing sie an seinem Fenster patriotisch auf ...", wie einer seiner Zeitgenossen schrieb. Zu den aktuellen Ausgaben des mehr als 360 Jahre alten Festes gibt es reihenweise Freiluftkonzerte, du kannst mehr als 600 Stände durchstöbern. Und wenn alles vorbei ist, dann ist immer noch Zeit genug, sich mit der Weimarer Klassik, mit den Dichtertitanenfreunden Goethe und Schiller und dem Kulturparadies Weimar zu befassen.

weimar.de/kultur/veranstaltungen/maerkte-und-feste

Kultur mit Natur

Der magische Bus

1

Müde Füße? Tiefhängende Wolken? Ab zur Zeitreise: Samstags und sonntags kutschiert dich ein Originalbus von 1925 durch die Epochen der Stadt. Ein Film an Bord erläutert die Tour, an verschiedenen Haltepunkten wandelt sich der Chauffeur zum Guide. Achso, das Wetter ist schön? Dann kannst du im Cabriobus durch Weimar gondeln. Nicht so nostalgisch, aber mit Panorama!

belvedere-express.de

Kultur satt

2

Weimar ist klein – umso erstaunlicher, wie viel Kultur zwischen Nationaltheater, Schillers Wohn- und Goethes Gartenhaus oder der prachtvollen Anna-Amalia-Bibliothek liegt. Neuester Zuwachs ist der 2019 eröffnete, eindrucksvolle Kubus des Bauhaus-Museums. 1919 war's, als Walter Gropius die Weimarer Kunstschulen zum Ausgangsort der Avantgarde und Klassischen Moderne in Architektur und Kunst machte. Mehr Design kann ein Herbstregenrefugium nicht ausstrahlen.

Stéphane-Hessel-Platz 1 · klassik-stiftung.de

In die Tiefe

3

Eine Höhle, mitten in der Stadt: Was eigentlich im 18. Jh. eine unterirdische Brauerei hätte werden sollen, ermöglicht heute einen Ausflug in die Erdgeschichte (und Schutz vor Regenschauern und Windböen). In der Parkhöhle sind über dir an der Decke Fossilien eingeschlossen, die an anderer Stelle – wie soll es in Weimar anders sein – schon von Goethe beschrieben wurden. Das perfekte Herbstprogramm in 12 m Tiefe ist beliebt, aber auch feucht und das ganze Jahr nur 9° C warm.

Eingang nahe Liszt-Haus und Mensa der Bauhaus-Universität Weimar · klassik-stiftung.de/parkhoehle

Pedalritter

4

So richtig mag der Herbst den Blick nicht freigeben. Wie ein mystischer Vorhang zieht der Nebel durch den Park an der Ilm. Jetzt heißt es, in die Pedale treten, damit dir warm wird: Der Ilmtal-Radweg ist insgesamt 123 km lang, und die Etappe von Weimar nach Bad Sulza bringt dich bis zur Mündung der Ilm in die Saale. Der Weg führt dich an Schlossparks, Mühlen, netten Örtchen vorbei – und wenn die Sonne durchdringt, spiegelt sich buntes Herbstlaub im Fluss.

ilmtal-radweg.de

Barocke Schönheit im weitläufigen Park: Das Schloss Belvedere ist Teil des Ensembles „Klassisches Weimar" und gehört zum Unesco-Welterbe

Im Park an der Ilm verstecken sich die architektonischen Schönheiten verführerisch hinter herrlichen Bäumen

Das ganze Jahr über schön …

Exotische Blätter

Goethe widmete dem Gingko ein Gedicht, und auch sonst stößt man in Weimar alle Nase lang auf die besonders geformten Blätter dieses Baums. Im Gingkomuseum erfährst du alles über den Baum, dem die unterschiedlichsten Heilkräfte zugesprochen werden. Recht skurril, aber durchaus lehrreich.

Gingko-Museum · Windischenstr. 1 · ginkgomuseum.de

Himmlisch

… leckeren Kuchen bekommt man in der Koriat-Kuchenmanufaktur. Der gebürtige Israeli Aviv Koriat backt hier seine Kuchen und Tartes nach alten Rezepten, die er als Kind von seiner Mutter und anderen Frauen aus dem Kibbuz, in dem er aufwuchs, übernahm. Gleichzeitig mangelt es aber auch nicht an deutschen „Klassikern" der Konditoreikunst.

Koriat-Kuchenmanufaktur · Steubenstr. 48 · koriat.de

Scharf

Wenn du einmal typisch thüringisch essen gehen möchtest, dann sei dir die Scharfe Ecke ans Herz gelegt: klassisch gutbürgerliche Küche mit Geschmack. Die Einrichtung ist recht urig, das lässt das gute Essen aber schnell vergessen. Vegetarier werden hier zwar nicht vergessen, dennoch kommen Fleischliebhaber eher auf Ihre Kosten. Unbedingt schon mehrere Tage im Voraus reservieren!

Scharfe Ecke · Eisfeld 2

Gut beschirmt

In wenigen Jahren wird es in Deutschland wohl gar keine Schirmemacherinnen mehr geben. Annelies Pennewitz ist eine der letzten Vertreterinnen dieser Handwerkskunst, seit 1998 wird in dieser Berufssparte nicht mehr ausgebildet. Liebevoll angefertigte Schirme gibt es in ihrem Schirmfachgeschäft zu bestaunen und zu kaufen. Auch selbst hergestellte Taschen können hier erworben werden. Im ersten Stock befindet sich eine Ansammlung historischer Schirme.

Schirmfachgeschäft Annelies Pennewitz · Rittergasse 19

Einfach drauflosgehen

Studierende, Familien, Spaziergänger, mitunter auch Schafherden, alle fühlen sich im grünen Herz der Stadt wohl. Ein Spaziergang hier lohnt sich immer, nicht zuletzt durch die vielen Sichtachsen. Goethe selbst war maßgeblich an der Gestaltung des Parks beteiligt. Wenn du vom Stadtschloss aus über die Sternbrücke spazierst, kannst du am Ochsenauge vorbei in Richtung seines Gartenhauses laufen. Es gibt auch sonst eine Menge zu entdecken: Duxbrücke, Römisches Haus, Künstliche Ruine, Tempelherrenhaus, Parkhöhle … Im Park an der Ilm kannst und darfst du dich auch ein bisschen verlieren.

Park an der Ilm · klassik-stiftung.de/park-an-der-ilm

Echtes Bauhaus

Wenn du dir echte Bauhaus Architektur live anschauen willst, dann ab ins Haus am Horn. Das Versuchshaus wurde 1923 errichtet und ist die einzige vom Bauhaus realisierte Architektur in Weimar – noch dazu ein Gemeinschaftswerk aller Bauhaus-Werkstätten. Auch wenn die Originalmöbel größtenteils nur angedeutet sind, kann man gut nachvollziehen, wie man sich zeitgemäßes Wohnen in den 1920er-Jahren vorstellte. Im Voraus buchen, Audioguide empfiehlt sich.

Haus am Horn · Am Horn 61 · klassik-stiftung.de/haus-am-horn

Bunt, hip, vegan

Ein Himmel für VeganerInnen! Bunt und hip geht es in diesem Laden zu. Auf der Karte des Café & Bistro Sue stehen ausschließlich vegane Kuchen, Suppen, Salate – und für die besonders Wählerischen: Burger zum selbst kreieren.

Café & Bistro Sue · Carl-August-Allee 11

Gedenken

Im alten E-Werk findet sich mancher Geheimtipp, sei es das Lichthaus-Kino oder eine Spielstätte des Jungen DNT. Und die Rebecca-Horn-Installation „Konzert für Buchenwald“: Verstummte Musikinstrumente und kaputte Lederkoffer stapeln sich zwischen gepresster Asche. Es kann gut sein, dass ihr die einzigen Gäste seid. Dann wird die Installation extra für euch aktiviert. Die Arbeit fand international Beachtung, und wenn ihr dort gewesen seid, dann werdet ihr verstehen warum.

Konzert für Buchenwald · Am Kirschberg 4 · klassik-stiftung.de/rebecca-horn-installation

Mega-Mango

... oder Schoko-Brownie: Bei Felix Bieber schmeckt eine Sorte besser als die andere. Wenn im Sommer ein Biebereis-Fahrrad gesichtet wird, dann ist die Schlange davor lang. In der Manufaktur und im Eiscafé gibt es das frische Kugeleis das ganze Jahr über zu kaufen,

Biebereis · Manufaktur/Erfurter Str. 35 · Eiscafé/Windischenstr. 18

Made by Bauhaus

Wer noch ein exklusives Souvenir sucht, sollte im Bauhaus-Atelier vorbeischauen. Hier vertreibt die Bauhaus-Universität selbstgestaltete Produkte ihrer Studierenden. Stempel, Mappen und viele viele Bücher. Auch für den kleinen Geldbeutel ist was dabei.

Bauhaus-Atelier · Geschwister-Scholl-Str. 6a · Innenhof des Uni-Hauptgebäudes · uni-weimar.de/bauhaus-atelier

Zu Hause beim Olympier

Ein Blick in Goethes Wohnhaus und man sieht sofort, dass er Teil der High Society war. Nicht nur die Räume des Hauses, in dem Goethe ungefähr 50 Jahre lang lebte, sind heute museal zu besichtigen. Im Hausgarten könnt ihr euch an sonnigen Tagen wie Christiane Vulpius und der Dichterfürst selbst fühlen. In der Ausstellung „Lebensfluten – Tatensturm“ siehst du u.a. die letzte Arzneiflasche Goethes oder Notizen zu seinen Werken.

Goethe-Nationalmuseum · Frauenplan 1 · klassik-stiftung.de/goethe-nationalmuseum

Gut und günstig

Der C-Keller ist Kneipe und Veranstaltungsort. In diesem Laden direkt am Markt dreht sich alles um Musik, Kunst und Literatur. Du suchst gute Drinks für wenig Geld, netten Service und am besten noch Live-Musik? Dann bist du hier richtig. Montagabend gibt’s meist für umme Jazz auf die Ohren.

C.Keller · Markt 21 · c-keller.de

Wer sich für die Ausstellung im Kirms-Krackow-Haus zur Lebensweise des Bürgertums in der spät- und nachklassischen Zeit interessiert, kann das nur freitags und am Wochenende tun. Ist aber auch egal, denn spannender, besser gesagt entspannender ist der dazugehörige Biedermeiergarten. Bunt, gepflegt, ganzjährig geöffnet. Zu warmer Jahreszeit ein Ort zum Verschnaufen und Verstecken. Dazu noch einen Espresso im La Tarte-Café du Jardin?

INSIDER-TIPP
Verschnaufpause

Kirms-Krackow-Haus · Jakobstr. 10 · thueringerschloesser.de

Schick, hip, verraucht

Früher wurden hier Haare geschnitten, heute genießt man das Getränk seiner Wahl im kerzenlichtdurchfluteten Raum mit üppiger Begrünung. Misch dich unter die Weimarer Bohème und lass dir von den netten Barkeepern einen Pfefferminzlikör geben. Der Abend wird toll, versprochen.

Salon Konetzny · Humboldtstr. 18

Weltberühmte Architektur: Auch das Hauptgebäude der Bauhaus-Universität gehört zum Unesco-Weltkulturerbe

Die Skulpturengruppe von Fritz Cremer erinnert an die Menschen, die im KZ Buchenwald von den Nazis ermordet wurden

423 Abgeordnete

hatte die verfassunggebende Nationalversammlung, die im Februar 1919 in Weimar zusammentrat. 37 von ihnen waren Frauen.

1770 Briefe

schrieb Goethe an die von ihm verehrte Charlotte von Stein. Mit Erfolg?

33 Särge

stehen in der Weimarer Fürstengruft. Der von Schiller ist leer.

266.000 Menschen

aus ganz Europa waren zwischen 1937 und 1945 im KZ Buchenwald interniert. Ca. 56.000 überlebten es nicht.

50.000 Bücher

verbrannten am 2. September 2004 in der Herzogin-Anna-Amalia-Bibliothek. 118.000 wurden beschädigt.

11 Kulturdenkmäler

der Stadt sind von der UNECO zum Weltkulturerbe „Klassisches Weimar“ erklärt worden.

„Städte si
Abenteue
des Pfla
Flaneurs

B. Ummeln

nd das
rland
sterstein-

Ber

November
lin

Hier könnte dein eigenes Berlin-Märchen spielen: Warten auf den Flaschengeist in der Tadshikischen Teestube

Ohne Schuhe vorm Samowar

Nach Berlin, im Winter? Da ist zweierlei zu erwarten: erstens verständnislose Blicke von all denen, die zu Hause bleiben. Und zweitens eine Stadt, die auch im November ganz, ganz viel zu bieten hat (und natürlich, zugegebenermaßen, Eiseskälte und die Farbe Grau).

Zunächst aber ist weniger mehr. Während du dich nämlich in der warmen Jahreszeit Wochen vorher um Tickets für bestimmte Museen (Pergamonmuseum, you name it! Oder, eigentlich die ganze Museumsinsel ...) bemühen musst, ist es jetzt leer. Ok, leerer (du wirst Berlin nun mal nie für dich allein haben). Und wenn dir die Kälte mal allzu sehr unter die Jacke kriecht, dann wird die Hauptstadt plötzlich ganz weich – und nimmt dich in sandelholzwarmen Oasen wie der Tadshikischen Teestube unter ihre daunigen Fittiche. Schneller, als du „Wie schööööön!“ sagen kannst, hast du deine Schuhe ausgezogen und bist dem exotischen Zauber bestickter Sitzkissen, farbenfroher Gemälde, bunter Teppiche und eines Samowars erlegen. Die Teestube, ursprünglich ein Geschenk der Sowjetunion an die DDR, ist nicht das einzige warme Licht im Winterdunkel. Ihre ebenso gastfreundlichen Verwandten heißen etwa Tee Tea Thé (teeteathe.de), Chinesisches Teehaus in den Gärten der Welt (china-teehaus.de) oder Chén Chè Teestube (chenche-berlin.de).

Tadshikische Teestube im Kunsthof · Oranienburger Str. 27 · tadshikische-teestube.de

Hauptstadtlichter

Schwitz ahoi!

1

Draußen zieht der See vorbei, während du schwitzend in der Sauna sitzt. Hmm, klingt irgendwie schräg – ist es aber nicht: Auf dem Saunafloß vertreiben der finnische Aromatherapie-Aufguss und das Nordic-Powerberry-Peeling die Winterkälte, während das Gefährt seine Runden über den Müggelsee zieht. Nicht nur Junggesell(inn)enabschiede kannst du an Bord feiern, sondern auch kochen. Keine Chance also für November-Trübsal!

Finnfloat · Müggelseedamm 70 · finnfloat.de

Bei Frau Holle

2

Ob Politiker zum Märchen erzählen taugen, kann man seit mehr als 30 Jahren im Berliner November überprüfen. Dann nämlich, wenn das größte Festival der Welt dieser Art über die Bühne geht. Bei den Berliner Märchentagen wird gelesen und fabuliert, von Promis, Schauspielern und Geschichtenerzählern, in Schulen, Buchhandlungen, Bibliotheken. Und eben auch im Abgeordnetenhaus und in unterschiedlichen Botschaften. Dann werden statt Bauanträgen und diplomatischer Noten Sterntaler verteilt, es geht mitten durchs Schlaraffenland, bis es Frau Holle schneien lässt. Ein Traum, der mit „Es war einmal …" beginnt und längst nicht nur für Kinder ist.

märchenland.de

Winterdampfer

3

Eine Seefahrt, die ist lustig … nunja, eigentlich ist es strenggenommen eine Flussfahrt. Und sie ist auch nicht unbedingt lustig – aber sehr, sehr schön. Denn wer in der hereinbrechenden Winterdämmerung in einem der mollig warmen Schiffe über Berlins Flüsse gleitet, wird verzaubert vom Lichterglanz der Hauptstadt. Zum vorweihnachtlichen Sehenswürdigkeitengucken wird Glühwein und Gebäck gereicht. Besinnlicher kann's in Berlin ja gar nicht werden.

berlin.de/tourismus/dampferfahrten

Kräuterkunde

4

Was gibt es Besseres zum Beginn des Winters als gesunde Kräuter? Gesunde Kräuter in leckeren Cocktails! In der Bar Herr Lindemann in Neukölln landen Ingredenzien wie selbstgemachter Dillbitter, Rosmarin, Estragon, Zimt, Kardamom oder Anis in unwiderstehlich-ausgefallenen Eigenkreationen. Und das Ganze in gemütlichem Bar-Ambiente. Wer der namensgebende Herr Lindemann ist? Ein Pfälzer, der schon vor 100 Jahren seine besonderen Kräuterkreationen in Berlin verkaufen wollte. Zum Glück ist das damalige Alkoholverbot längst aufgehoben.

Richardplatz 16 · facebook.com/BarHerrLindemann

Von Hof zu Hof

5

Es ist doch jedes Jahr das Gleiche: Plötzlich ist Weihnachten – und man hat noch kein einziges Geschenk. Dafür gibt's die Hackeschen Höfe. Europas größtes Ensemble dieser Art bietet in acht hintereinander angeordneten Höfen viel Mode, Kultur, Kunsthandwerk und Restaurants. Sogar ins Kino kannst du gehen oder ins Theater, wenn du den Schritt aus dieser Oase zurück in die Winterkälte noch ein wenig hinauszögern willst. Achso, ihr schenkt euch nichts? Dann findest du bestimmt etwas, das du dir selber schenken kannst. Und sei es nur die Zeit, die du in diesem Gründerzeitjuwel verbringst.

hackesche-hoefe.de

Großstadtträume aus den 1990er-Jahren: Sony Center mit futuristischem Glasdach

Das ganze Jahr über schön …

Bis die Socken qualmen

Cooler Club mit reichlich uncoolem Namen. Dass das Beate Uwe dann auch noch mit „Gemütlichkeit“ wirbt, passt dazu. Gefeiert wird trotzdem ausgelassen, am Freitag und Samstag elektronisch. Sind die Socken locherfrei? Dann raus aus den Schuhen und bei „Beate Barfuß“ (regelmäßig So ab 18 Uhr) auf Teppichen zu Down-Tempo-Beats schwofen.

Beate Uwe · Schillingstr. 31 · beate-uwe.de

Abgrundtief

Starke Nerven und festes Schuhwerk – bei den Führungen des Vereins Berliner Unterwelten braucht man definitiv beides. Denn im vergessenen U-Bahn-Tunnel, in den sich die Berliner vor dem Atomkrieg flüchten sollten, kann einem zwischen Dosenfutter und Klappbetten schon mulmig werden. Auch die Bunker, die der Zweite Weltkrieg zurückgelassen hat, sind gruselig. Etwas friedlicher ist die Tour durch die Gewölbe der alten Kindl-Brauerei in Neukölln, zu der auch ein Grundkurs in deutscher Braukunst gehört.

Berliner Unterwelten · berliner-unterwelten.de

Bikinis im Bikini

Im charmanten 1950er-Ambiente des Kaufhauses Bikini Berlin lässt sich der Tasche aus Berliner Designer-Händen kaum widerstehen. Hier tummeln sich hippe Läden, Pop-up-Stände und der Kantini-Foodcourt.

Bikini Berlin · Budapester Str. 38–50 · bikiniberlin.de

Kultur-Geschichte

Früher Schultheiss-Brauerei (ein Archtitekturmonument aus Backstein!), heute Kulturzentrum mit Kinos, Clubs und Streetfoodmarkt. Wie es sich im Zelt auf dem Trabidach schlief, man mit Rotkäppchen-Sekt feierte und mit der Stasi als Nachbar lebte, erfährt man in der Ausstellung „Alltag in der DDR“.

Kulturbrauerei · Knaackstr. 97/Sredzkistr. 1/ Schönhauser Allee 36 · kulturbrauerei.de · streetfoodaufachse.de

Mehr als nur Döner!

Doch, doch, die türkische Küche kann deutlich mehr als nur Döner, z. B. in Aubergine gewickelte Lammkeule, gefüllte Paprika mit Spinat oder tolle Süßspeisen. Also einmal Kazandibi bitte – das ist karamellisierter Milchreispudding: zum Reinlegen!

Baba Angora · Schlüterstr. 29 · babaangora.de

Neue Mitte

Am westlichen Rand des Potsdamer Platzes, dessen ursprüngliche Bebauung im Krieg zerstört wurde, entstand 1995 ein neues Stadtviertel mit Shoppingcenter, Kinos, Spielbank, Hotels, Walk of Fame und Filmmuseum. Richtig 1990er-Jahre ist das zeltartige, von Helmut Jahn entworfene Dach des Sony Centers, das nachts in verschiedenen Farben leuchtet und unter dem du auch bei schlechtem Wetter ein wenig flanieren und beim Kaffee anderen Touristen dabei zusehen kannst. Wenn du immer schon mal von einem kometenhaften Aufstieg geträumt hast: Der schnellste Fahrstuhl Europas hievt dich in nur 20 Sekunden auf die Aussichtsplattform des Kollhoff-Towers mit Panoramacafé in 93 m Höhe.

Potsdamer Platz · panoramapunkt.de

Mit ohne Fleisch

Tierfreund sein, ohne auf den Döner-Genuss verzichten zu müssen? Der Vöner macht's möglich, indem er eine Mischung aus Weizeneiweiß, Gemüse, Hülsenfrüchten, Sojaschrot und Gewürzen aufspießt und grillt. Womit bewiesen wäre, dass auch für Fast-Food-Fans ein veganes Leben möglich ist. Auch Wagenburger mit Getreide-Gemüse-Bratling oder Vischstäbchen sind im Angebot.

Vöner · Boxhagener Str. 56 · voener.de

Hochkultur mal anders

Deutsche, Komische, Staatsoper und dann noch eine in Neukölln? Ganz recht, Berlin hat nämlich vier Opern! In Neukölln wird allerdings nicht 250 Jahre Altes vorwiegend extrem hoch gesungen, sondern echter Alltag als Musiktheater inszeniert. Viel lustiger und zugänglicher als die typische Hochkultur!

Neuköllner Oper · Karl-Marx-Str. 131–133 · neukoellneroper.de

Und jetzt Nachtisch!

Wer braucht Cronuts, wenn er Spluffins haben kann? Hier trifft die Berliner Croissant-Variante Splitterbrötchen auf den uramerikanischen Muffin. Die Auswahl ist riesig, süß wie herzhaft, und reicht von Mohn-Vanille über Chili-Zupfkuchen bis Curry-Süßkartoffel-Rübchen.

Spluffin · Revaler Str. 12 · spluffin.de

Auf Rollen rocken

Im Kreuzberger Club-Klassiker SO 36 spielten Die Ärzte schon, als sie jenseits der Mauerstadt noch keiner kannte. 1980er-Fans mit Rollschuh-Sehnsucht sollten die Rollerskate-Disko nicht verpassen, die jeden dritten Montag im Monat um 20.30 Uhr mit einem Tanzkurs auf Rollen beginnt.

SO 36 · Oranienstr. 190 · Programm unter so36.de

Grenzwertig

Tränenpalast – ihren Namen verdankt die Halle vor dem S-Bahnhof Friedrichstraße den vielen Tränen, die am einstigen Grenzübergang von den Zurückbleibenden vergossen wurden. Heute erinnert eine Ausstellung an die Schikanen, welche die DDR für alle bereit hielt, die die Grenze passieren durften. Und in der Passkontroll-Kabine wird es dann richtig beklemmend.

Tränenpalast · Reichstagufer 17 beim Bahnhof Friedrichstraße

Hafenatmosphäre

Um eine Hafenbar zu betreiben, braucht es keinen Hafen. Das Vorhandensein von Wasser in Form des Landwehrkanals reicht völlig. Zu Hausmannskost und Frischgezapftem lässt sich die Jukebox bedienen. Quentin Tarantino war während der Dreharbeiten von „Inglourious Basterds“ Stammgast.

Ankerklause · Kottbusser Damm 104 · ankerklause.de

Stilles Gedenken

Der größte noch erhaltene jüdische Friedhof Europas: Fast 116 000 Gräber gibt es hier, darunter diejenigen von „Hertie“-Gründer Hermann Tietz, des Verlegers Samuel S. Fischer und des Schriftstellers Stefan Heym. Ein stiller, fast verwunschen wirkender Ort des Gedenkens.

Jüdischer Friedhof Weissensee · Herbert-Baum-Straße

Es geht um die Wurst!

Um das mal klarzustellen: Nicht nur der Döner, auch die Currywurst wurde in Berlin erfunden. Deshalb lohnt es sich, auf besonders legendäre Exemplare auch mal fünf Minuten zu warten. Man kann sich ja derweil die Antwort auf die entscheidende Frage überlegen: mit oder ohne (Darm)?

Curry 36 · Mehringdamm 36, Filialen am Hardenbergplatz und im Hauptbahnhof · curry36.de
Konnopke · Schönhauser Allee 44 b · konnopke-imbiss.de

INSIDER-TIPP **Auf Zocker-Zeitreise**

Ganz recht, das ist tatsächlich ein Polyplay mit der DDR-Variante von Pacman. Und das Beste: Du darfst ihn bedienen! So wie viele andere Konsolen aus der Geschichte der digitalen Spielkultur von Pong bis Zelda.

Computerspielemuseum · Karl-Marx-Allee 93a · computer spielemuseum.de

Perfekt, um den ganzen Tag lang das Sightsseing-Schiffchen festzumachen und mal auszuspannen: die Ankerklause

Als die Trabis in den Westen aufbrachen: Erinnerungen an das Ende der DDR auf der Berliner Mauer

104.757 Hunde

leben und kläffen in Berlin ... und das sind nur die angemeldeten.

122 Meter

hoch sind die Arkenberge, der höchste „Berg" Berlins.

1600 Dönerbuden

verkaufen ca. 400.000 Döner am Tag.

44 Kilometer

lang war die innerstädtische Mauer.

1 Witzigflughafen

Über den Ende 2020 in Betrieb gegangenen Flughafen Berlin Brandenburg kursierende Witze: unzählige

191 Nationen

sind unter den Berliner Bürgern vertreten.

Dres

Dezember
den

Lichterglanz auf dem Altmarkt: Dresdens Weihnachtsmarkt weckt wohlige Weihnachtsgefühle

Lichterglanz mit Rosinenpracht

Eins ist gewiss: Dem Striezel auf dem Dresdner Weihnachtsmarkt entkommst du nicht! Glück gehabt, dass damit eine Delikatesse gemeint ist: der Dresdner Stollen nämlich, ohne den für viele ein Weihnachtsfest keines ist.

Der Striezelmarkt feiert das Traditionsgebäck aus Rosinen, Butter, süßen und bitteren Mandeln, Orangeat, Zitronat, Mehl, Wasser und Hefe oft und ausführlich. Zur Eröffnung des funkelnden Lichterreigens auf dem Altmarkt (und drumherum) wird ein Stollen angeschnitten, der in Millimetern so lang ist wie das aktuelle Jahr. Sein mächtiger Bruder aber erscheint beim alljährlichen Stollenfest am Samstag vor dem zweiten Advent: Rund 4 t wiegt das etwa 4 m lange süße Ungetüm, das in einem fröhlichen Umzug durch die Stadt seiner Bestimmung – den Mägen der Zuschauer – zugeführt wird. Es ist übrigens nicht der einzige Superlativ des Dresdner Striezelmarkts: Man betritt ihn durch den größten Schwibbogen der Welt, in seiner Mitte steht die weltweit höchste Stufenpyramide aus dem Erzgebirge und zudem ist er der älteste beurkundete Weihnachtsmarkt Deutschlands. Das spielt aber alles keine Rolle, wenn dich der Lichterglanz gefangen nimmt, du die Volkskunst aus dem Erzgebirge bestaunst, dich von der Atmosphäre verzaubern lässt und Pulsnitzer Pfefferkuchen verputzt. Nicht zu vergessen: den Striezel – ohne den es niemals richtig weihnachten kann.

striezelmarkt.dresden.de · dresdnerstollen.com/de/stollenfest

Weihnachtszauber

Für Waldläufer

1

Die Felsenlandschaft des Nationalparks Sächsische Schweiz im Sommer? Fühlt sich nicht selten an wie eine Rennbahn für Wanderer und Kletterer. Ganz anders im Winter, wenn die Natur des Elbsandsteingebirges dem Frühjahr entgegenträumt. Und die wenige(re)n Besucher? Sie genießen die Stille etwa auf einer Wanderung hoch zur Basteibrücke, wo auf sie ein grandioser Blick über die weite wilde Winterlandschaft wartet. Du willst nicht allein losziehen? In den Gemeinden der Region – Schmilka, Bad Schandau, Rathen, Königstein, Pirna oder Bad Gottleuba – gibt's jede Menge Führungen und Winterangebote (nicht nur) für Wanderer.

saechsische-schweiz.de

Für Zeitreisende

2

Am schönsten ist im Dezember der Blick vom Balkon Dresdens, wenn sich das unten liegende Elbtal den weißen Wintermantel übergezogen hat. Neben der weiten Aussicht ist vor allem die Art und Weise spannend, wie man auf die Höhen des Elbhangs kommt. Denn während die Standseilbahn von 1895 Loschwitz mit dem Villenviertel Weißer Hirsch verbindet, gleitest du nach Oberloschwitz mit einer absoluten Rarität hinauf: Die Schwebebahn stammt aus dem Jahr 1901 und ist schlicht einzigartig. Ob Oberloschwitz oder Weißer Hirsch, die Reise in die Höhe wird in beiden Fällen auch zu einer Reise in der Zeit.

dvb.de/de-de/entdecken/bergbahnen/

Märchenschloss

3

Der einzig wahre Weihnachtsfilm verzaubert seit bald 50 Jahren alle Herzen. Gedreht wurde „Drei Haselnüsse für Aschenbrödel“ nur 16 km von Dresden entfernt. Auf Schloss Moritzburg kannst du ganz und gar in den Film mit seiner herrlich selbstbewussten Titelheldin eintauchen: Jedes Jahr wird im Winter die Geschichte in einer Ausstellung neu zum Leben erweckt. Und auch jenseits des märchenhaften Geschehens rund um die Liebe und gläserne Schuhe lohnt sich die Entdeckung des wunderschönen Barockschlosses – auf dessen großer Treppe an der Ostseite Aschenbrödel besagte Fußbekleidung verliert.

schloss-moritzburg.de

Pirouetten-Spaß

4

Schon zu DDR-Zeiten war die sächsische Hauptstadt ein Eislauf-Zentrum. Und so ist es geblieben: Die schönste Eisfläche Dresdens findest du im Innenhof des Taschenbergpalais im Hotel Kempinski. Draußen vor der Stadt lockt der Weiße Hirsch, eine 700-m²-Eisfläche mitten im Wald. Vor dem Zwinger in der Altstadt drehst du auf dem Zwingerteich und vor der Moritzburg deine Pirouetten. Mit rund 5000 m² bietet die EnergieVerbundArena Dresdens größte Eisfläche.

dresden.de/de/leben/sport-und-freizeit/Sport.php · konzertplatz-weisser-hirsch.de/winter · kempinski.com/de/dresden/hotel-taschenbergpalais

Endlich mal etwas, was du bei Regen besuchen solltest: Die Wasserspiele im Hof der Elemente der Kunsthofpassage sind fantastisch

Das ganze Jahr über schön ...

Tierisch elementar

Eine Giraffe versucht die Fassade zu fressen, ein Affe greift nach dem Weidengeflecht eines Balkons, und im Teich döst ein Wasserbüffel. Die Kunsthofpassage, eine Oase mit Läden, Cafés und Restaurants, gehört längst zum touristischen Pflichtprogramm in der Äußeren Neustadt. Künstler machten aus den grauen Hinterhoffassaden kleine Wunderwerke. Neben dem Hof der Tiere entlockt vor allem der Hof der Elemente den Besuchern immer wieder Ahs und Ohs.

Kunsthofpassage · zwischen Görlitzer Str. 21–25 und Alaunstr. 70

Ultramaringelb

So heißen Werkstatt und Laden von zwei Schmuckgestalterinnen im Kunsthof. Wunderschöne Unikate, von edel bis gewagt, viel Silber, Weißgold und Edelsteine, Schmuck und kleinplastische Arbeiten.

Görlitzer Str. 23 · Neustadt

Mathematik? Physik?

Nur keine Angst: Hier kriegen nicht nur Nerds das große Staunen! Der 1728 gegründete Mathematisch-Physikalische Salon zeigt einzigartige Uhren und Globen, feinmechanische Instrumente, astronomische Geräte und ballistische Apparate. Toll: eine kunstvolle Planetenlaufuhr aus dem 16. Jh. und eine Rechenmaschine (um 1650) von Blaise Pascal.

Mathematisch-Physikalischer Salon · Zwinger, Eingang Ostra-Allee · skd.museum

Bling, Bling

Die Augen gehen einem über im Grünen Gewölbe! Der Name ist abgeleitet von den grün gestrichenen Wänden der „Geheimen Verwahrung" der herrschaftlichen Schätze aus Edelsteinen, Gold und Elfenbein im Residenzschloss. In den modernen Räumen im 1. OG präsentiert das Neue Grüne Gewölbe Highlights wie den legendären Kirschkern mit den „185 Angesichtern" oder den „Hofstaat des Großmoguls Aureng-Zeb", ein von Hofgoldschmied Johann Melchior Dinglinger aus Gold und Edelsteinen geschaffenes Figurenensemble. Das Historische Grüne Gewölbe befindet sich in den rekonstruierten Räumen des Schatzkammermuseums.

Residenzschloss · gruenes-gewoelbe.skd.museum

Handverlesen

Die Geschwister Marcus und Nicole Blonkowski haben es 2019 zum Michelin-Stern gebracht. Steife Vornehmheit muss man trotzdem nicht befürchten. Wände aus Sandstein, warmes Licht und schlichte Tische sorgen für Wohlfühlambiente. Handverlesene, meist regionale und saisonale Produkte verarbeitet das junge Team zu ebenso unkomplizierten wie raffinierten Speisen – und das auch noch zu akzeptablen Preisen.

Genuss-Atelier · Bautzner Str. 149 · genuss-atelier.net

Salonlöwen

... gibt's hier nicht, dafür Urbanites, die in stylishem Ambiente Bagels, Quinoa-Salat und glutenfreie Nudeln bestellen, dazu hausgemachte Limonaden, Smoothies oder Mokkaccino. Tagsüber Selbstbedienung, ab 18 Uhr wird serviert.

Elbsalon · Königsbrücker Str. 74 · Neustadt · elbsalon.com

Klasse Kombi

Den Preis für die hippste Inneneinrichtung gewinnt das Café zwar nicht. Aber hier geht es ja um Kuchenqualität, und die stimmt. Für das traditionelle Kompletterlebnis bestellst du das „Dresdner Gedeck": die berühmte Eierschecke, Kaffee und ein Gläschen Kaffeelikör nach Familienrezept. Wer Experimente mag, bekommt die Schecke mit einer Zusatzschicht aus Stachelbeeren oder Mohn.

Dresdner Kaffeestübchen · Salzgasse 8 · dresdner-kaffeestuebchen.de

Krippenspiel

In den zwei Schlachthofsälen geben sich nationale und internationale Stars aus Rock, Pop und Comedy die Klinke in die Hand. Außerdem Partys und jährliche Events wie das „Krippenspiel mit Olaf Schubert" in der Weihnachtszeit oder das „Dresdner Neujahrssingen" im Januar.

Alter Schlachthof · Gothaer Str. 11/Ecke Leipziger Str. · alter-schlachthof.de

Atemfrisch

Das 1912 auf Initiative des Odol-Mundwasser-Fabrikanten Karl August Lingner zur „Volksaufklärung" gegründete Deutsche Hygiene-Museum versteht sich heute als „Forum für Wissenschaft, Kultur und Gesellschaft". Die Dauerausstellung „Abenteuer Mensch" widmet sich Themen wie „Leben und Sterben", „Sexualität" oder „Essen und Trinken". Bekanntestes Exponat ist der „Gläserne Mensch", zu dem sich auch eine Gläserne Kuh gesellt hat. Im Kindermuseum dreht sich alles um die fünf Sinne.

Deutsches Hygienmuseum · Lingnerplatz 1 · dhmd.de

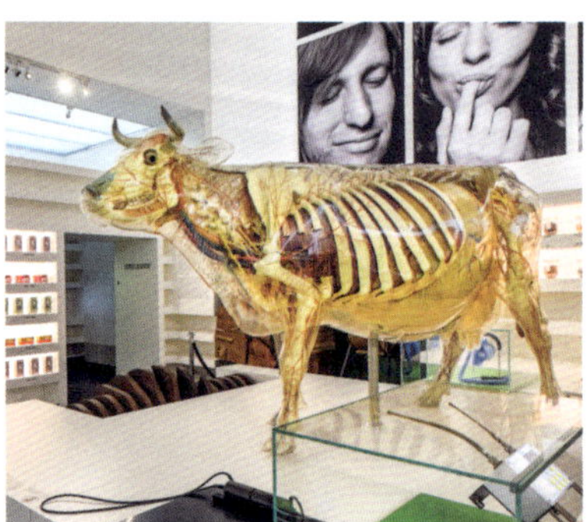

Seit Jahrhunderten in der Kreuzkirche zu Hause ist der aus rund 130 jungen Sängern bestehende Kreuzchor. Wenn sich das Ensemble nicht auf Tournee befindet, kann man es samstags zur Vesper, bei Gottesdiensten sowie bei Aufführungen etwa in der Oster- und der Weihnachtszeit erleben. Höhepunkte im Konzertkalender des Chors sind Bachs Weihnachtsoratorium in der Kreuzkirche und das Adventskonzert im Dynamostadion.

INSIDER-TIPP Jauchzet, frohlocket!

Kreuzchor · kreuzchor.de

Ab in die Scheune

Das kulturelle Zentrum der Neustadt, Club mit 60-jähriger Tradition: Elektro, Rock, Hip-Hop, Poetry, Comedy, „Schaubudensommer" im Juli (Openair hinterm Haus). Im Scheunecafé gibt's Vegetarisches, Indisches und Gerichte aus anderen Ecken der Welt.

Scheune Alaunstr. 36–40 · scheune.org

Durchatmen

Mit ihrer imposanten Kuppel überragt die Frauenkirche die Altstadt und prägt nach 60 Jahren Abwesenheit wieder das Stadtbild Dresdens. Die riesige Kuppel, die „Steinerne Glocke", widerstand dem Bombardement der Preußen im Siebenjährigen Krieg. Auch die Bombennacht des 13. Februar 1945 hatte sie zunächst, obwohl ausgebrannt, überstanden. Am 15. Februar gaben die ausgeglühten Pfeiler jedoch nach, und die Kirche sank in sich zusammen. 1993 begann der Wiederaufbau, am 30. Oktober 2005 erfolgte die Weihe. In der Unterkirche, dem „Ort der Stille", befindet sich das Grabmal des Erbbauers George Bähr. Der richtige Ort zum Durchatmen.

Frauenkirche · Neumarkt · frauenkirche-dresden.de

Glanz und Elend

In einem alten Gasspeicher präsentiert der Künstler Yadegar Asisi im Wechsel zwei 360-Grad-Panoramen Dresdens. In der ersten Version huldigt er dem „Mythos der sächsischen Residenzstadt" mit „Dresden im Barock": Handwerker, Mägde und Persönlichkeiten der Zeitgeschichte bevölkern das 30 m hohe und 100 m lange historische Stadtbild aus Pixeln und Pinselstrichen, zu besichtigen von einem in der Mitte platzierten 15 m hohen Turm. „Dresden 1945" zeigt eine Ansicht der in Trümmern liegenden Stadt kurz nach der Bombardierung.

Panometer · Gasanstaltstr. 8b, Reick · panometer.de

Auferstanden aus Ruinen: Die Dresdner Frauenkirche ist einer der größten Sandsteinbauten der Welt

Stammbaum auf Fliesen: Der Fürstenzug ist 102 m lang und damit das größte Porzellanbild der Welt

11 Mätressen

hatte August der Starke offiziell.

1 Meter

Durchmesser hatte die größte bisher gebackene Eierschecke. Sogar ein paar Zentimeter mehr.

4246 Kilogramm

war das Rekordgewicht des Riesenstollens beim Stollenfest 2013.

185 Köpfe

sind angeblich im berühmten Kirschkern im Grünen Gewölbe eingeschnitzt.

25.000 Fliesen

aus Meißener Porzellan sind im Fürstenzug am Langen Gang verarbeitet.

1879

ist das Baujahr des Schaufelraddampfers „Stadt Wehlen“, des ältesten Schiffs der Sächsischen Dampfschifffahrt.

Ich weiß, was du nächsten Sommer getan haben wirst.

Widder

21. März – 20. April
Es geht steil bergauf! Deine Energie scheint unerschöpflich, aber du solltest trotzdem haushalten. Das machst du in München: erst steil rauf auf die Berge, dann chillen an der Isar und neue Kräfte tanken im Biergarten.

Stier

21. April – 21. Mai
Mit deiner Abgeklärtheit stehst du dir oft selbst im Weg. Es wird Zeit, ein bisschen mehr auf Gefühle zu setzen. Werd romantisch – am besten in Heidelberg. Beim herrlichen Blick vom Schloss werden Herzensdinge neu und aufregend.

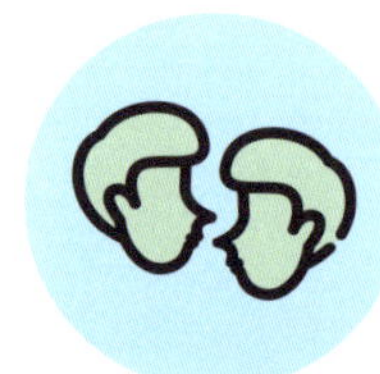

Zwillinge

22. Mai – 21. Juni
Es ist ja schön, wenn man an jeder Ecke jemanden kennt. Aber man muss auch mal wieder neue Leute treffen! Fahr nach Leipzig, zum Drallewatsch. Du weißt nicht, was das ist? Deine vielen neuen Freunde können's Dir erklären.

Waage

23. September – 22. Oktober
Die täglichen Herausforderungen zu bewältigen macht dir großen Spaß. Aber es fehlt der Ausgleich. Tauche in Berlin in die vielfältige Kunst- und Museumsszene ab. Neues Wissen macht mutig für den Alltag.

Skorpion

23. Oktober – 22. November
Irgendwie ist in letzter Zeit nichts so gelaufen, wie du wolltest. Du musst endlich mal wieder über den Dingen stehen. Nichts wie hin nach Stuttgart, wo sich urbanes Leben mit herrlichen Aussichtspunkten verbindet!

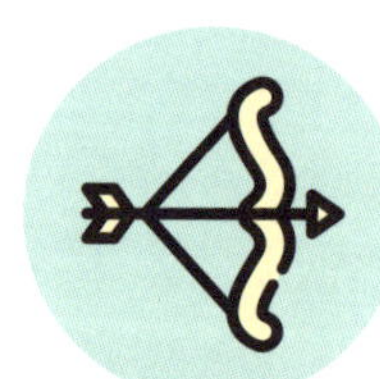

Schütze

23. November – 20. Dezember
Genug vom Reisen geträumt – vielleicht eine ganz andere Kultur erleben? Also auf nach Düsseldorf, der japanischsten Stadt Deutschlands. Karaoke, Kirschblüten, Ramen: Du spürst schon, wie die Seele sich weitet.

Krebs

22. Juni – 22. Juli
Das Fernweh und die Sehnsucht nach dem Meer machen dir schwer zu schaffen. Ziel deiner Träume ist Hamburg. Im Hafen riecht es nach großer weiter Welt und vor den Toren der Stadt geht der Blick weit bis zum Horizont.

Löwe

23. Juli – 22. August
Schluss mit dem Gefühl, immer noch mehr machen zu müssen. Nimm dir ein paar Tage frei und fahr nach Potsdam: Der Blick auf die Pracht des preußischen Königshauses rückt die Perspektiven wieder zurecht.

Jungfrau

23. August – 22. September
In Routine zu erstarren ist kein gutes Gefühl. Dann lass doch einfach mal den inneren Party-Löwen von der Leine. In Köln bringt dich (nicht nur) der rheinische Frohsinn ganz schnell auf andere Gedanken.

Steinbock

21. Dezember – 19. Januar
Es fällt dir schwer, zu akzeptieren, dass manche Dinge nicht nach Plan laufen. Die Frankfurter Börse hat ebenfalls Aufs und Abs, das kannst du dir dort klarmachen. Und vor der funkelnden Skyline Energie für neue Projekte freisetzen.

Wassermann

20. Januar – 18. Februar
Du steckst voller Tatendrang und träumst vom Leben in der Stadt und der Natur zugleich. Ein paar Tage Dresden werden dir gut tun: das pralle Leben im Schatten der Semperoper und die Einsamkeit des Elbsandsteingebirges genießen.

Fische

19. Februar – 20. März
Die Pläne der letzten Wochen – alles Schall und Rauch. „Wer immer strebend sich bemüht, den können wir erlösen", schrieb schon Goethe. Triff seinen literarischen Geist in Weimar und lass dich vom Kulturjuwel auf andere Gedanken bringen.

Guude wie?
(Hessisch)
Griaß eich!
(Fränkisch)
!!!
Tach!
(Pfälzisch)
Jode Daach!
(Kölsch)
Griaß God!
(Schwäbisch)
Griaß di!
(Bayerisch)
Guten Tag!
(Hochdeutsch)
Tach auch!
(Ruhrgebiet)
Moin!
(Norddeutsch)
Daach!
(Sächsisch)
Gunn Dach!
(Saarländisch)
Tach och!
(Berlinerisch)

Lob oder Kritik? Wir freuen uns auf deine Nachricht!

Trotz gründlicher Recherche schleichen sich manchmal Fehler ein. Wir hoffen, du hast Verständnis, dass der Verlag dafür keine Haftung übernehmen kann.

MARCO POLO Redaktion
MAIRDUMONT
Postfach 31 51
73751 Ostfildern
info@marcopolo.de

MIX
Papier aus verantwortungsvollen Quellen
FSC® C015829
FSC
www.fsc.org

Fotos: Huber-images: A. Albanese (68/69), C. Bäck (27), M. Borchi (100), F. Carovillano (24), F. Cogoli (98 rechts), G. Croppi (22 links), S. Damm (28), G. Gräfenhain (35, 110 rechts), W. Krammisch (149 rechts), S. Lubenow (138), F. Lukasseck (52, 56/57), H.-P. Merten (65), H.- P. Merten (78), M. Rellini (51, 70, 77, 146), M. Ripani (2 Mitte, 98 links), M. Robertz (30/31), R. Schmid (2 unten, 62, 72 rechts, 74, 84 links, 99, 101, 103, 104, 110 links, 112, 113, 115, 118/119, 148 links, 152), K. Scholz (144/145), C. Seba (96), Szyszka (124); Laif/Redux: R. Harris (134), G. Hohenberg (141); mauritius images: C. Bäck (23), S. Belcher (13), W. Bibikow (142), I. Boelter (60 rechts), J. Boris (10 links), W. Dieterich (47), P. Enzinger (86), D. und M. Sheldon (8), U. Siebig (40), E. Wrba (75, 151); mauritius images/age fotostock: R. Beznoska (150); mauritius images/Alamy: E. Breitz (139), W. Dieterich (108), A. Grosesu (88), D. Kilpatrick (20), C. Koserowsky (2 oben, 6/7), F. Lipov (16), A. Machutt (72 links), F. Peters (132/133), Schoening (12), I. Sokolovskaya (120), F. Stark (89), Y. Turkov (111), W. Wirth (154); mauritius images/Alamy/Animaflora PicsStock (82); mauritius images/Alamy/Archive PL (22 rechts); mauritius images/Alamy/Art directors & Trip (37); Mauritius images/Alamy/Clearpix (126); mauritius images/Alamy/Clynt Garnham Business (48); mauritius images/Alamy/David sanger Photography (38); mauritius images/Alamy/Hacknberg-Photo Cologne (26); mauritius images/Alamy/Homemade Pictures (87); mauritius images/Alamy/Kuttig-Travel-2 (148 rechts); mauritius images/Alamy/Panther Media GmbH (80/81, 128); mauritius images/Alamy/Premium Stock Photography GmbH (32); mauritius images/Alamy/Rudi1976 (42/43); mauritius images/Alamy/Shotsshop GmbH (137); mauritius images/Chromorange (66); mauritius images/foodcollection (64); mauritius images/imageBroker: Dr. W. Bahnmüller (10 rechts), H.-D. Falkenstein (25), G. Gräfenhain (153), M. Jung (39), U. Kraft (63), O. Krüger (116), S. Kuttig (60 links), R. Nüsser (58), D. Plewka (50), J. Wackenhut (73); mauritius images/imagebroker: E. Wrba (76); mauritius images/Mint Images Ltd. (49); mauritius images/Novarc Images: H. P. Szyszka (61, mauritius images/Novarc ImagesAlamy: H. P. Szyszka (123, 125, 127); mauritius images/pa: H. Ossinger (46 links); mauritius images/Pitopia: H. Brauer (114), A. Kunert (149 links), W. Nick (46 rechts); mauritius images/Pitopia/Violess (136 rechts); mauritius images/Radius Images: A. Lee (14); mauritius images/SZ Poto Creative: S. Preuin (84 rechts), A. Schellnegger (102); mauritius images/Westend61: H. Nachtmann (90); Shutterstock: S. Borisov (18/19), Pany Garmyder (15), Oleksy Mark (94/95), Joaquin Osorio Castillo (11); Shutterstock/BrAt82 (93); Shutterstock/Jell89 (44); Shutterstock/Med Photo Studio (136 links); Shutterstock/Simon Dux Media (106/107); Shutterstock/travelview (36); Shutterstock/Yudai (140)

1. Auflage 2021

Autor: *Jens Bey;*
„Wo du schonmal da bist“: Potsdam: Juliane Schader; Köln: Ralf Johnen, Jürgen Raap; Frankfurt: Tara Stein, Rita Henß; Düsseldorf: Franziska Klasen, Dr. Doris Mendlewitsch; Hamburg: Dorothea Heintze (unter Mitarbeit von Katrin Wienefeld); Heidelberg: Christl Bootsma, Marlen Schneider; Leipzig: Stephanie von Aretin, Evelyn ter Vehn; München: Amadeus Danesitz, Karl Forster, Alex Wulkow, unter Mitarbeit von Dr. Astrid Dobmeier; Stuttgart: Jens Bey, Martin Oversohl; Weimar: Silja Indolfo, Hannah Würsching; Berlin: Christine Berger, Juliane Schader; Dresden: Angela Sturberg

Redaktion: Jens Bey
Bildreaktion: Gabriele Forst
Illustrationen Horoskop: flaticon.com
Visuelle Konzeption und Editorial Consulting: grandquest.de

Printed in Italy